선방의 아침

차 례

입문편

뜻을 굳게 세우고 고향을 떠나다 8
수행자가 산사에 들어가다 10
현관에 꿇어앉아 움직이지 않다 12
머물며 자다 14
하룻밤을 머물고 날이 새면 가다 16
객실에서 며칠을 보내다 18
지객 앞에 서다 20
참 당 22
한 무리가 되다 24
노사에게 참구하러 들어가다 26

선방의 아침

개 판 30
여러 가지 법도 32
잠자리에서 일어나다 34
출 두 36
새벽 예불 38
당내 독경 40
상주 독경 42
밥짓기 44
식사 당번 46
아침은 밥알이 뜨는 죽 48

다 도	50
독 참	52
바깥 청소	54
미 감	56
탁 발	58
잠깐 머무르다	60
절로 돌아오다	62
재 식	64
울 력	66
원 두	68
머리를 깎다	70
14일과 29일의 대청소	72
목 욕	74
축복 기도	76
대합창의 행진	78
식사 초대	80
저녁의 근행	82
청 소	84
혼 종	86
야 경	88
방 선	90
부 사	92
시 종	94
부 수	96
첩 안	98

참선록

신변 정리하는 휴일 ·············· 102
다도에 출석하다 ················ 104
차의 축배 ······················ 106
귀 감 ·························· 108
알 림 ·························· 110
개 강 ·························· 112
접 심 ·························· 114
명상사유 ······················ 116
지금 좌선중 ···················· 118
경 책 ·························· 120
환 종 ·························· 122
입 실 ·························· 124
불심행 ························ 126
경 행 ·························· 128
법고 소리 ······················ 130
제 창 ·························· 132
공 부 ·························· 134
한밤중의 좌선 ·················· 136
전원 참선 ······················ 138
하나씩 검열하다 ················ 140
연수당 ························ 142
음사행 ························ 144
견 성 ·························· 146

세시기

- 제 책 ·············· 150
- 가 단 ·············· 152
- 대중 공양 ·············· 154
- 장삼을 갈아입다 ·············· 156
- 입제 중간 ·············· 158
- 여름의 끝 ·············· 160
- 전출 잔류 ·············· 162
- 계절이 끝나고 ·············· 164
- 2박 3일의 외출 ·············· 166
- 불단 독경 ·············· 168
- 천도재 공덕 ·············· 170
- 출장 탁발 ·············· 172
- 휴 식 ·············· 174
- 달마대사 재일 ·············· 176
- 특별 신도재 ·············· 178
- 개산기 ·············· 180
- 무 탁발 ·············· 182
- 김장 담기 ·············· 184
- 목숨을 건 대용맹정진 ·············· 186
- 겨울밤 ·············· 188
- 새해 준비 ·············· 190
- 참회 수정 ·············· 192
- 개인 시간 ·············· 194
- 교대 지도 ·············· 196
- 인사 이동 ·············· 198
- 며칠간의 휴가 ·············· 200
- 열반회 ·············· 202
- 자유행 ·············· 204

총림의 생활과 현대 ·············· 207
임제종에 있어서의 선당 생활 ·············· 217
글을 옮긴 후 ·············· 251

입문편

뜻을 굳게 세우고 고향을 떠나다

　꽃이 만발한 어느 봄날. 총림(수행자 거처) 수행의 큰 결의를 세운 불심사의 제자 젊은 스님 양간. 이제부터 그 스님의 선당 생활을 엿보려 하니 함께 여행을 떠나 봅시다.
　선당 스님이 한 사람의 선승이 되기 위해서는 선당 수행의 실습 과정을 반드시 거쳐야 한다. 자기의 실참실구가 없이는 선의 근본적 체득은 있을 수 없다. 참다운 체험이 없는 선은 중생은 물론 자신도 구할 수 없기 때문에 아무리 학문이 높다 할지라도 선당 수행의 과정을 밟지 않는 한 주지의 자격을 얻을 수 없다. 선승은 생명력 있는 선으로서 인간들의 생활에 행복이 깃들도록 지도하여야 하는 불제자의 사명을 통감하여, 종문 취지의 깊은 뜻을 궁극하여야 한다.
　4월의 어느 날 아침, 양간은 은사인 만단의 지도 아래 스님들의 전통적인 여행복인 짙은 푸른색 광목 장삼에 하얀 버선, 가사 문고가 덜렁덜렁 매달린 걸망을 짊어지고 삿갓을 갖추고, 여러 사람의 배웅을 뒤로 한 채 꽃잎이 뚝뚝 떨어지는 봄날에 고향을 떠난다. 정말로 결의가 대단한 새로운 인생의 출발이다.

수행자가 산사에 들어가다

　어제는 시내의 아는 절에서 하룻밤을 지내고, 이른 아침 총림 소재의 경내에 발을 들여놓았다. 깨끗이 쓸어 낙엽 하나 보이지 않는 길을 단단히 조여 맨 짚신에 힘을 주어가며 마치 적의 아성에 쳐들어가는 것 같은 긴장을 느끼면서 걸어갔다. 커다란 현판이 눈앞에 다가왔다. 바로 총림의 문앞에 선 것이다.

　지금 들어가려는 총림은 전문 도량으로 이름이 나 있는 선 수행의 장소이다. 임제종에는 각 본산, 이름난 사찰 등 전국 40여 개소가 있어서 사가(師家)라고 부르는 사법(嗣法)의 도량주가 한 무리의 수행자들을 지도하여 일개반개(一箇半箇)를 두드려 맞추어 낸다. 그리고 어느 도량이든지 "선(禪)의 대도(大道)에는 무문(無門)"하고 모든 사람에게 문호를 개방하고 있다. 그러나 이 문에 들어오려는 사람은 열렬한 구도심을 요구하기 때문에 큰 의심 덩어리와 큰 분노를 가지고, 깊고 큰 신심을 두루 갖추어야 입문 자격이 주어져 시험을 받게 된다.

　이미 들어서 짐작은 하고 있지만, 이제부터 속세를 버리고 전통적인 방법으로 입문 시험을 거치지 않으면 안 된다고 생각하니 마치 살얼음을 밟는 느낌이다.

현관에 꿇어앉아 움직이지 않다

이제는 머뭇머뭇하고 망설일 때가 아니다. 최초의 관문에 들어섰기 때문이다. 어두컴컴한 현관, 푹 들어간 시험대에 행장을 한 채로 고개를 숙이고 "부탁드립니다" 하고 말하면 먼 곳으로부터 "누구냐?" 하고 달갑지 않다는 듯한 음성이 들려온다. 이윽고 나타난 한 운수(雲水)에게 자신의 주소와 이름을 말한 후 입방원서·서약서 등 필요한 서류를 넣은 봉투를 건네주고 총림에서 머물며 수행할 수 있도록 사정한다. 그러면 그 운수는 잠시 사라졌다가 다시 나타나서는 "본 도량은 지금 인원이 다 찼기 때문에 더 이상 받아들일 수 없으니 돌아가십시오" 한다. 사정할 틈도 없이 냉정하게 서류 봉투를 건네주고 사라져 버린다.

지금부터가 문제다. 이를 테면 현관에서 또다시 문전박대를 당하는 일이 있더라도 화장실 가는 것 말고는 그 자리에서 꼼짝도 않고 굳세게 버텨야 한다. 다른 도량에 가보아도 상황은 똑같다. 이런 정도는 들어서 충분히 알고 있으므로 예정된 다음 행동을 해야 한다.

이미 8시가 넘었다. 커다란 몸뚱이를 가능한 가장 작게 오므리고 쭈그려 앉은 지 얼마 안 되었는데 허리가 아프고 저리다. 이마에 얹은 손도 감각이 없어지기 시작했다. 예부터 수많은 스님들도 이와 같은 고통을 견디어 관문을 통과하여 합점(合点)에 도달했다고들 하지만 역시 들은 대로 힘들다.

머물며 자다

오후 3시. 어떻게 이 시간이 되었는지조차 모르고 있을 때 "투숙을 허가하니 올라오시오"라고 한다. 한데서 밤을 지내지 않아도 되는 모양이다.

짚신을 벗고 가져다 놓은 양동이의 물에 발을 씻었다. 그런 후 현관 옆에 있는 두 평 반쯤 되는 조그마한 방에 들어가 가사와 걸망을 기둥에 걸고 벽을 대면하고 앉았다. 이제야 겨우 지옥에서 소생한 기분이다. 아직 이른 시간인데 약석(저녁 공양)의 신호가 들린다. 많은 운수가 모인 끝자리에 나란히 앉아 옆스님의 눈치를 살피며 밥을 얻어먹었다. 해가 넘어가니 희미하게 전등이 들어왔다. 졸음이 쏟아지는 가운데도 낮 동안의 일이 주마등같이 흐른다. 하루 종일 마음 졸이고 신경을 많이 쓴 탓인지 온몸이 욱신욱신하며 쑤신다. 얼굴은 부어 푸석푸석하고 발은 당긴다.

"어느 말 뼈다귀가 현관 앞에서 얼씬거리며 우물쭈물하고 있는 거요. 냉큼 나가시오." 목덜미를 움켜잡힌 채 욕지거리를 들어가며 문 밖으로 끌려나가기를 수 차례, 자존심 상하고 아니꼬워서 주먹이라도 한두 번 날린 후 돌아설까 하는 마음 간절하나 꾹 참았다. 단지 "여기서 내가 질 것 같소" 하며 더욱 굳게 다짐하고 씩씩하게 제자리로 돌아와 여전히 머리를 숙이지만, 몸도 마음도 피곤하여 녹초가 되고 만다.

하룻밤을 머물고 날이 새면 가다

평소 사용하지 않던 방인지 문을 열자 퀴퀴한 곰팡이 냄새가 코를 찌른다. "旦過寮(저녁에 도착하면 이튿날 아침에 가는 것이 원칙)"라는 문자도 의미도 알 수 없는 액자가 머리 위에 걸려 있다.

침침한 불빛 아래에 있으니 감개가 새로운데, 운수가 "다례!"하면서 빨간 쟁반에 차와 만두 하나, 그리고 투숙계도 함께 갖고 들어왔다. 8시경이다. 한 방울도 남김 없이 차를 다 마셨다. 그러고 나서 운수가 가지고 온 손전등을 비추어 가면서 겨우 본적, 공부한 절, 성명 등을 썼다. 조금 있으니까 이불을 한 장 들고 들어와서 "이번에 목판 소리가 나면 주무시오" 하고 나간다. 그러나 천장에서는 서생원이 난리가 난 듯 뛰어다니고, 앞으로 벌어질 일들에 대한 불안한 마음이 들어 좀처럼 깊은 잠에 빠질 수 없었다.

다음날 아침 공양이 끝나고 차를 한 잔 따라 주면서 "아무쪼록 자기 뜻에 따라 출발을 하시오" 하면서 쫓아낸다. 현관까지 쫓겨났지만 여장을 잘 정돈하여 다시 쭈그리고 앉았다. 전날과 같은 모양의 고행을 또다시 종일 계속하지 않으면 안 되었다.

객실에서 며칠을 보내다

삼일째의 아침이 되니 쫓아내지는 않는다. 이제부터는 두 번째 관문을 통과해야 한다. 종일 객실에 앉아서 가사와 걸망을 쳐다보며 묵묵히 좌선을 했다. 근행이나 공양 때 불려가서 대중의 끝자리에 앉아 어려운 작법(作法)을 이럭저럭 눈치껏 흉내내며 맞추는 것은 그런 대로 할 수 있지만 좁은 골방에 갇혀 방치당한 것 같은 느낌을 받는 것은 더욱 견디기 힘들다. 자기 마음대로 책을 보거나 담배를 피우는 것은 가능하지도 않을 뿐만 아니라 발이 저려 몸을 조금만 움직여도 금방 인기척이 난다. 즉 아주 작은 움직임도 허락하지 않는, 창살 없는 감옥이나 마찬가지였지만 이것도 총림에 들어가기 위한 입문 시험이다.

그렇다고 선현들의 맹렬한 구도심에 비유할 정도는 못된다. 혜가(惠可)는 눈이 내리는 가운데 자기의 팔을 잘라 진실한 열의를 나타내고서야 달마의 마음을 움직여 가르침을 이어받았다.

한번 발심해서 고향을 떠나온 이상, 커다란 뜻을 가지고 어떠한 고통이 닥치더라도 극복해 나가야 한다.

지객 앞에 서다

"지객료저두(知客寮低頭)"라고 해서 손님이나 수행자를 대접하기도 하며, 선당의 기강 전체를 관리 감독하는, 즉 "스님 총괄자" 앞으로 데려간다. 이틀간 현관에 꿇어앉아 버티기도 끝나고 객실에서의 3일 근신도 끝나는 날 밤이다.

경책(警策)하는 봉(棒)이 앞과 옆에, 그리고 손전등이 놓여 있다. 풍채가 의젓하고 품격이 있어 보이나 툭 튀어나온 큰 눈으로 쏘아보는 40세 가량의 지객(知客 : 상대방의 수행의 척도, 즉 굳건한 마음가짐을 판단해서 접대해야 하기 때문에 수행력이 많은 사람이 대개 담당) 앞에 서니 뭔지 모르게 두렵고 무서워서 고개가 절로 숙여진다.

"지금까지 이곳 형편상 거절해 왔지만 귀공은 상당한 원심(願心)이 서 있는 듯하고 마침 결원도 하나 생기고 하여 일단 내일 아침 입문식을 허락하오."

생긴 것만큼이나 크게 외쳐댄다. 어쨌든 온갖 모욕과 번뇌를 참고 원심을 일으키지 않는 수행과 자기를 몰각하고 있는 상태의 고행을 시험하는 5일간이 무사히 지나 입문이 허락된 모양이다.

참 당

　다음날 아침 공양 후 선당(禪堂)으로 갈 수 있었다. 그곳은 스님들의 거처에서 복도를 지나 깊숙한 곳에 있는 별채다. 바닥에는 벽돌이 깔려 있고 정면의 탁자에는 문수보살이 모셔져 있으며, 양옆에는 한단 높인 단에 깔개가 깔려 있었다. 그곳에 앉아 있는 모든 스님은 마치 조각 같았다.
　안내하는 시자(노사나 대중을 모시는 사람)의 지시에 따라서 행동했다. 긴장으로 뻣뻣해진 몸에 흰 버선을 신고 가사를 걸치고, 문수보살께 향을 사르고, 방석을 펴 삼배를 올리고 무사수행을 기원했다. 그런 다음 입승(통솔력이 있고 대중을 포용하고 기강을 바로잡을 수 있는 고참 남자, 즉 감독) 앞에 가서 '앞으로의 가르침과 지도를 부탁드립니다' 하는 의미로 고개를 조아린 후 여장을 놓아두는 개인 자리에 안내 받아 앉자마자 "신참, 참당(參堂 : 입문식)"하고 시자가 큰소리를 치자 지금까지 조각같이 꼼짝 않고 앉아 있던 스님들이 바르고 정중하게 머리를 숙였다. 이렇게 하여 같은 무리 속에 들어가게 되었다.
　'자기 소개' 같은 것은 전혀 없는, 정말로 간결하고 엄숙한 자리였다. 이보다 깔끔하고 기분 좋은 입문식은 이 지구상에 없을 것이다.

한 무리가 되다

어쨌든 어려운 난관을 극복하여 하나의 관문을 통과한 셈이다. 내 자리는 당내 한쪽 입승단이라고 하는 14장 나란히 깔려 있는 깔개의 끝자리 한 장이 나의 천지, 운수의 천지(天地), 그곳이 이제부터 내 생활의 전부가 될 것이다.

천장에는 각자의 이름표가 달려 있고, 검은 커튼이 드리워진 이불 벽장, 그 아래는 발우·경전을 얹어 놓는 작은 선반, 그 아래 가사를 걸게 되어 있는 가는 대나무가 옆으로 걸쳐 있고, 앉는 자리의 뒤로는 일용품을 넣어두는 작은 벽장이 있는 간단한 생활 공간이다.

옆자리의 스님이 가르쳐주는 대로 가사와 걸망을 풀어 몇 가지 안 되는 여장을 정해진 곳에 정리해 놓았다. 원래 운수가 지니는 물건이라는 것은 돌아다니며 수행함에 걸림이 없도록 인간의 소유욕과는 상관이 없는 그야말로 간결하고 소박한 것뿐이다.

새로 들어온 내게는 한발 앞서 들어온 세 명의 도반이 있었다. 같은 법도에 참석하여 함께 공부하는 새로운 도반을 동참 또는 동하라고 하며, 동지애로 뭉쳐진다. 여러 면으로 의기 투합하여 서로 격려하고 두둔하게 된다.

노사에게 참구하러 들어가다

사흘 후 조실방의 노사에게 참구하러 들어가는 날 아침. 가사에 흰 버선을 신고 향을 피워 들고 갔다. 조실방의 노사는 종문의 취지를 참선하여 진리를 연구하는 지도자, 아침저녁으로 머리를 조아리며 법전(法戰 : 법의 싸움)을 교환하게 되는 스승. 그런 노사와의 최초의 면접이다. 선인들은 말씀하셨다.

"스승과의 처음 만남 때에는 문제의 핵심을 날카롭게 꿰뚫어 전개해야 한다."

그러나 젊은 청년 양간이 온몸이 긴장된 채 배운 예절대로 상견향을 올린 후 방석을 펴 삼배를 드리고 노사 앞에 머리를 숙이고 있을 때였다. 노사를 보필하는 시자가 향기가 진동하는 차를 가지고 왔다. 노사와 함께 차를 마셨다. 조금은 마음이 차분해졌다. 빨간 유단에 단좌하고 계시는 노사의 모습에서 어버이와 같은 친밀감을 느끼는 순간 날카로운 눈빛이 날아왔다. 얼른 목을 움츠리고 엎드렸다. 잠시 후 조금 쉰 듯한 목소리로 노사는 고향, 공부한 절 등을 물었다. 생각보다 따뜻하고 인간미 흐르는 모습을 대하니 의외였다. 방안에 가득한 그윽한 향기 속에 엄숙하고 정중하게 수행시의 마음가짐에 대한 훈계를 들었다. 이때 사제간의 약속이 이루어지는 것이다. 조실방을 물러나니 긴장되었던 마음이 모두 풀리는 것 같았다.

선방의 아침

개판(때를 알리는 종)

산사 문옆에는 두꺼운 떡갈나무 목판이 걸려 있는데, 시간을 알리기 위해 하루에 3·5·7번씩 목판 소리를 낸다. 아침에 자리에서 일어날 때부터 잠자리에 들 때까지 이 목판 소리를 신호로 움직이는 운수의 행주좌와(行住坐臥 : 일상의 기거 동작인 네 가지의 위의로서 가고, 머무르고, 앉고, 자는 일을 말함). 참으로 준열하고 엄격하다.

또한 대중의 일상 생활 전부가 몇 명의 역료들 어깨에 달려 있다. 즉 선당의 대중은 시자료의 감독과 지시를 받고, 도량 전반의 운영은 지객 이외에 회계, 공양주, 불전계, 노사의 시중, 접객 등의 책임자에 의해 행해진다. 어느 것이나 예전부터 있던 운수가 책임을 맡으며 6개월마다 교대한다.

질서 잡힌 환경에서 참선수행에 집중할 수 있도록 각자가 양보하고 주의해서 행동을 근면히 한다. 이것은 참으로 자유스러운 인간상, 무위진인의 참다운 모습을 만들어내기 위해서 단련시키는 것이다.

여러 가지 법도

선당 뒷문 위에 쓰여 있는 규칙을 토대로 도량 안의 가는 곳마다 조목조목 여러 법도가 걸려 있다. 이것은 현재 총림 제도의 창시자인 백장선사가 정한「백장청규」에 나오는 것들로,「백장청규」는 총림의 법을 기반으로 한 것인데, 오늘날도 엄연히 총림 생활의 기준이 되고 있다.

어려운 법요 의식은 물론 젓가락 잡고 놓는 법, 버선 신고 벗는 법, 나가고 들어오는 법까지 빠짐없이 자세하게 기록되어 있다. 자유 분방한 사바 세계로부터 방금 뛰어들어 온 신참이 행하기에는 무리지만, 고참들의 행동을 유심히 살피면서 열심히 작법을 행하다 보면 자연히 법도에 익숙하게 된다.

오늘날 총림과 같이 상하 구별이 엄격한 곳도 드물 것이다. 오래된 선배순으로 고참·중간·신참으로 구별하며, 10년, 20년 이상 수행을 계속한 초고참의 중역은 평석이라 한다. 이 서열은 모두 연공으로서 나이, 학력, 출신은 전혀 문제 삼지 않는다. 이른 아침부터 저녁 늦게까지 쉴 틈이 없다. 사가(師家)나 대중에 대해서 또한 아주 작은 불만도 있을 수 없다. 있으면 도량을 떠나면 된다. 떠나는 사람을 붙잡는 법도 없고 배웅하는 사람도 없다. 또한 불만이 있을 수 없다. 선수행이란 그 불만의 본질을 터득하는 것이기 때문이다.

잠자리에서 일어나다

　잠자리에서 일어나는 시간은 매우 빨라서 보통 여름은 새벽 3시반(겨울은 4시반), 대용맹정진(수면을 거부하고 장좌불와함을 말한다) 때는 3시이다.
　불당을 맡아서 돌보는 스님이 요령을 흔들면서 "기상"을 외치며 대중의 잠을 깨우기 위해 당내를 돌아다닌다. 당내의 대중은 입승의 죽비 소리에 모두 일어나 이불을 개서 선반에 올린 후 옷을 들고 세면장으로 달려가 세수, 대소변 보는 일, 옷 입는 것을 15분 내에 마쳐야 한다. 잠이 덜 깨 허둥대기 쉬운 신참은 일사분란하게 움직이지 못해 덤벙대기 마련이다. 이럴 때마다 스님의 무자비한 경책 소리를 듣지 않으면 안 된다. 세면장에 놓여 있는 돌로 된 물통에서는 맑은 물이 넘쳐흐르고 있다. 그런데 눈길을 끄는 것은 그 위에 가지런히 정돈되어 있는 조그마한 바가지이다. 이것은 자연에서 풍족히 얻을 수 있는 물건이라도 낭비하지 말 것을 가르치기 위해 일부러 조그맣게 만들어 물을 아끼는 습관이 들도록 하려는 뜻이 담겨 있는 것이다. 즉 자연의 은혜에 대해 경건한 태도를 갖도록 하는 상징이다.

출두

　출두는 독경과 예불·강의·공양 등에 참석하는 것으로서 각종 기구를 사용해서 알린다. 법당의 행사는 종·법고, 공양은 운판·죽비 박자목을 울려서 알리며 전체 다도나 입욕은 죽비로 알리며, 참선은 종소리로 알린다.

　또한 출두 준비는 종 다섯 번을 쳐서 알린다. 대중은 이 소리를 듣고 가사를 걸치고 발우 등 휴대품을 지니고 대기한다. 그러면 연이은 출두 신호가 울리는데, 대개 3·5·7식이다. 이 소리가 퍼지면 입승의 죽비 소리에 맞추어서 모두 선방을 줄지어 나간다. 앞문은 출두, 참선 이외에는 출입이 허락되지 않을 뿐만 아니라 규율도 정확해서 옆으로 흩어지거나 자기 마음대로 행동하면 안 된다. 총림을 걸을 때 두 사람 이상은 꼭 줄을 서야 하며, 양손을 앞으로 모으고 말을 하면 안 된다. 팔을 흔들거나 신발 등을 끌면 신랄한 질책이 날아오게 마련이다.

　긴 복도를 통해 법당을 향해 엄숙하게 걸어가는 모습은 마치 가을 하늘에 바람 소리를 휘몰며 지나가는 기러기 떼와 같다. 출두 신호에 맞추어 말없이 평화롭게 움직이는 생활이야말로 하나의 작품이요, 예술이다.

새벽 예불

총림의 하루는 아침 예불로 시작된다. 어둠이 여전히 짙게 깔린 새벽, 활짝 열어 놓은 문으로 차가운 공기가 가슴에 와닿으며 법당 안을 메운다. 적막의 공간을 가르며 대중의 독경 소리가 화음을 이루며 작은 종소리와 목어의 묘한 음이 은은하고 웅장하게 울려 퍼진다. 좀 어두운 법당 안에는 본존, 종조, 역대 조사, 큰 시주 순으로 노사가 향을 불에 피우고 경건하게 예배를 반복하면 그때마다 유나는 회향문을 읽는다. 이런 가운데에도 정신을 차리라는 소리가 쉴 새 없이 날아가 잠이 덜 깬 대중들을 질타한다.

총림에서 독송하는 경은 『반야심경』·『능엄경』·『관음경』·『금강경』 등이고, 주문은 「대비주」·「존승다라니」 등이다. 이때 발원문으로서 옛 선인의 사상에 젖어 기원하는 것은, 한량없는 업적은 불도의 정성에 의해서 이루어진 보은이며, 공덕은 자기로부터 우러나옴이다. 잡념 없이 예불 삼매에 들어가면 깨달음의 기회도 오기 마련이다. 하여튼 몸도 마음도 긴장된 한 시간이다.

당내 독경

　법당에서 돌아오면 곧 선당의 주인공인 문수보살께 『반야심경』, 『소재주』를 올린다. 끝으로 입승이 예불문을 읽고 그의 죽비 소리를 좇아 대중은 일제히 단상에 방석을 펴고, 오늘의 도를 닦는 데 아무 일 없기를 기원하며 오체 투지 삼배한다.
　성상은 문수보살의 승형상으로서 수승한 지혜와 사자 분신의 덕을 상징한다. 총림에는 목욕탕이나 화장실 할 것 없이, 어느 곳이나 그 사명을 상징하는 불보살상이 놓여 있는데, 밤낮 타좌 삼매, 반야의 지혜를 구해서 정진하는 운수들이 사는 선당으로서는 최고로 이상적인 곳이다. 예지에 넘쳐 단정하고 존경하는 얼굴, "문수보살님, 문수보살님"하고 부르는 자부이시다.
　당내 독경이 끝나면 시자가 따끈하게 끓여 주는 최상의 맛 매실차 한 잔. 새콤한 맛이 입안에 퍼지면서 남아 있던 졸음이 말끔히 달아나는 순간 머리가 상쾌해짐을 느낀다. 매실차야말로 선방에서 생활하는 이들을 위한 특별한 지혜이다.

상주 독경

　법당 안의 대중과 함께 아침 예불을 끝낸 상주 소임자들은 수호신(신장) 앞으로 간다. 이때도 역시 『반야심경』·『소재주』 등을 읽는다. 수호신은 번개같이 빠르고 힘이 장사며 오만 가지 조화를 부리는 신장으로서 갑옷을 입고 엄숙하게 서 있으며, 불법·절을 수호하는 천신이다. 조그마한 절이라도 부엌에 꼭 모셔져 있으며, 공양이나 향을 늘 올린다.
　독경이 끝나면 그 자리에서 매실차를 마시고, 지객으로부터 그 날의 행사 통달, 또는 소언이라고 해서 보고를 듣는다. 소임자는 소속된 부서에 따라 중요한 책임을 지고 있다. 단체 생활을 원활히 유지하기 위해서 취사, 불전, 시봉, 작무, 미감 계획, 접객, 회계, 시주를 받아 넣는 책임, 노사의 시중 등 역할을 정해서 상주 규칙을 엄숙하게 지키게 한다.
　"움직이는 가운데서의 공부가 조용함 속의 공부보다 백천만 배 낫다" 하고 독려해서 "상주물 아끼기를 안목과 같이 하라"고 엄중히 경계한다. 지객료에서 커다란 눈을 굴리며 쏘아보던 무섭던 눈도 어느 새 대중 속에 섞여 같이 생활하게 된다.

밥짓기

　기상과 동시에 공양주는 아침밥을 지을 준비를 한다. 공양주를 사회에서는 식모라고 하여 가볍게 다루지만 선방에서는 정반대이다.
　총림의 여러 역할 가운데에서도 공양주가 차지하는 비중은 상당하며 존경을 받는다. 많은 대중의 생명을 책임지고, 한 지붕 밑에서는 제일 힘든 봉사인 요리 담당이기 때문이다. 그런 만큼 공양주는 공덕을 쌓는 기회도 된다. 따라서 공양주의 역할을 완전히 해낸 자는 고참으로서 대접을 받을 뿐만 아니라 자기 책임을 완수할 수 있는 스님으로서의 인정도 받게 된다.
　부엌에서 취급하는 식량, 한 톨의 쌀이라 할지라도 신도들이 고생하여 모은 재산이다. "한 톨의 쌀 무게는 수미산과 같다"라든가 생활 용품을 취급하는 태도에 대해서 "상주물 아끼기를 안목(생명)과 같이 하라"고 해서 공양주의 역할은 더 없이 엄숙해야 한다. 더 나아가 공양주는 정성을 다해 본래의 사명을 점검함은 물론 어떠한 재료든지 정성껏 요리해야 하며, 결코 낭비해서는 안 된다.

식사 당번

　밥통, 반찬통, 국그릇, 발우 씻은 물을 버리는 그릇, 시식기(施食器) 등을 앞에 놓고 단정한 자세를 취하고 있는 반대간(飯台看)이라고 하는 공양 담당, 그 역할은 당내 스님이 교대로 맡는다. 공양을 할 때에는 공양 당번도 대중도 간두(看頭)라고 하는 감독의 죽비 소리에 맞추어 모든 행동을 해야 한다.

　생명의 젖줄인 공양이 누구에게나 중요함은 틀림없지만 총림에서는 한층 더하다. 그렇기 때문에 음식 만드는 것을 대단히 중요하게 여긴다. 공양은 예로부터 내려오는 법도로서 지금이나 옛날이나 변함이 없다. 공양을 할 때에는 독경 이외에는 말을 해서는 안 되며, 공양 당번을 상대로 합장이나 손의 동작으로서 표현한다. 식사 당번의 행동은 모두 옛날의 규칙을 그대로 따라 빈틈없으며 절도 있고 신속하게 움직인다.

　옛날부터 지극히 검소한 음식은 힘든 좌선과 함께 총림의 간판이었다. 아침에는 멀건 죽이며, 낮에는 쌀과 보리가 3 대 7로 섞인 보리밥. 이런 하루 두끼의 공양은 옛날에 세워 놓은 법칙을 그대로 따르고 있다. 저녁 공양은 남은 음식이나 이것저것을 적당히 섞어 먹는 약석(藥石)이 정식이다.

아침은 밥알이 뜨는 죽

공양 당번의 운판 치는 소리에 대중은 입승을 앞장세워 큰방으로 향한다. 큰방에 앉으면 공양을 하기 위해서 몇 가지 경과 게를 독경하고, 펼쳐놓은 각자의 발우에 공양 당번으로부터 여래의 가르침에 어긋나지 않게 음식물을 받는다. 음식을 먹기 전에 일곱 톨 정도의 밥알을 집어서 아귀 등에게 주고 간두(看頭)의 죽비 울림에 일제히 합장한 후 젓가락을 잡는다.

일명 "천장죽"이라고 하는 이것은 밥알이 밑에 깔려서 천장이 비칠 정도의 묽은 죽에, 묵어서 냄새 나는 단무지 한쪽이 전부이다. 참으로 먹기 힘든 아침공양이다. 그래도 "삼묵당"이라고 이름이 붙은 것과 같이 죽이나 반찬 먹는 소리, 젓가락을 잡고 놓는 소리 하나 전혀 들리지 않는다. 이와 같이 엄숙한 가운데서 공양이 끝나면 따라 놓은 찬물로 발우를 씻은 후 수건으로 닦아서 발우를 묶는다. 공양은 이와 같이 일사분란하고 엄숙하게 이루어진다. 이것은 또 하나의 불도 수행으로서 부처님께 올리는 밥을 담는 그릇이 하루의 구도량이 된다. 이러한 생활이야말로 "최저의 생활 속에서 최고의 고마움"이라고 하는 총림 생활의 진수라 할 수 있다.

다 도

멀건 죽을 먹은 후 당내로 돌아오면 곧 다도가 시작된다. 약관에 차를 넣고 끓여서 마시는 것이다. 약관에 차를 넣고 끓여서 마시는 다도는 선당에서는 중요한 예절이다. 전체 다도 같은 것이 있지만 아침저녁 이후의 다도에는 점호의 의미도 포함되어 있어서 자리를 비울 수 없다. 또한 그 절차가 복잡하다. 시자가 먼저 문수보살에게 올린 다음 대중을 돌면서 따른다. 옆에 있는 다기를 들어 차를 따르기 쉽게 기울이고, 따른 다기는 대체로 오른쪽 무릎 앞에 놓는다. 모두에게 차 따르는 것이 끝나면 일제히 합장한 후 차를 마신다. 먹다 남은 찌꺼기 등을 앞에 버리면 안 된다. 그리고 끝나는 죽비를 치면 곧이어 시자가 "오늘의 일정"하고 그날의 행사나 작업 등 할 일 등을 근엄한 목소리로 알린다. 질서와 화합이 있는 가운데 한 잔의 차는 피곤함을 사라지게 하고 날카롭고 강한 기상을 길러준다.

총림의 행사는 한 달을 기준으로 3등분해서 행한다. 1·3·6·8일에는 탁발, 2일에는 쌀 모으기, 5·7·10일에는 강의, 9일에는 머리 깎기, 목욕, 특히 14일과 그믐(29일)은 안팎 대청소를 한다. 휴식일 이외에는 언제든지 오후에 노동이 있다.

독 참

멀건 죽, 다도 후, 이어서 아침의 독참(獨參 : 수행승이 노사의 방에 혼자 들어가 공안에 대해서 견해를 드러내는 것)을 알리는 종이 울린다. 이것이야말로 수행 생활의 안목. 임제종에서는 독특한 인생 시험 문제인 화두가 있다. 노사의 방에 들어가서 그 견해를 드러내는 것인데, 보통은 입실독참이라 한다. 화두는, 선종 사상 수행을 많이 한 스님들의 언행 화제로부터 전해오는 법으로서 의미 있는 가르침이다. 암시에 의해 창출된 화(話)를 뽑아내어 우주의 대도(大道), 진리에 이르는 초관(初關)의 문제로서 '척수(隻手)의 소리'라든가 '조주무자(趙州無字)' 등을 시초로 해서 천칠백 공안이 있다.

풋내기 신참이 독참하는 작법을 배워 입실한 후 처음으로 공안이라는 것을 받는다. 이때부터가 본격적인 입문이라고 할 수 있다. 그러나 어떠한 설명도 없이 노사는 "한 손에 어떠한 소리가 있는고? 척수(隻手) 음성을 점제(掂提)해서 오너라"라는 말뿐이다. 견성입리의 첫번째 관문이다. 그러나 풋내기는 무엇을 어떻게 해야 할지 전혀 알지 못한다. 오리무중, 암중모색이다. 실내의 일을 함부로 입 밖에 내면 안 된다. 도대체 이것을 어떻게 요리하면 좋은가! 이제부터 철저히 실참실구하여 스스로 깨닫는 방법밖에는 도리가 없다.

바깥 청소

　운수의 청소는 깔끔하여 빈틈이 없고 철저하다. 아침의 독참이 끝나면 당내·상주와 함께 바깥 청소를 한다. 비가 내리지 않는 한 바깥 청소는 절대로 거르지 않는다. 이것은 백장화상의 "하루 일하지 않으면 하루 먹지 않는다"라는 뜻을 깨닫기 위해서 일을 행하는 것이기 때문에 누가 이래라 저래라 하지도 않고, 돈을 주지도 않는다. 각자 묵묵히 정념(팔정도의 하나로 항상 화두로 생각함) 속에 낙엽을 쓸고 풀을 뽑는다. 세간의 잡다한 일과는 완전히 다르다. 굳어진 신심을 풀어주는 것과 함께 '움직임' 속에서 살아 있는 자기를 찾는 좌선의 동적인 표현이다.

　중봉화상의 좌우명은 "항상 빗자루를 가지고 다니며 절의 먼지를 쓴다"였고, 신수상좌는 "때때로 쓸고 닦아서 먼지가 끼지 않도록 하라"였다. 이 말은 자기 내심의 무명 번뇌를 청소하는데 나태함을 경계하라는 뜻이다. 뜰을 쓸고 있는 조주에게 어떤 선승이 "화상은 천하의 대선지식이라고 하는데 어찌하여 먼지가 있습니까?"라고 묻는 말이나 청소 중 대빗자루에 부딪히는 자갈 소리에서 깨침을 얻은 향엄화상의 일화 등에서 보듯 선기(禪機)는 일상 생활 속 어디에나 있기 마련이다.

미감(쌀의 출납)

총림을 유지하기 위해 독실하게 믿는 신도의 집들로부터 절미한 쌀을 모으는데, 1·3·6·8일이 그 날이다. 이 날은 신도의 집을 돌면서 절미를 거두어 가지고 오는 것이 하루 일과다. 거센 눈보라에 손발은 얼어 금방이라도 터질 것 같고, 개는 쫓아와서 물고, 목에 건 무거운 끈은 목줄을 조여 온다. 거리가 멀 때에는 이른 새벽부터 출발하는데, 시내는 물론 절에서 가까운 근교까지 걸어서 갔다온다.

조주에게 스님이 물었다. "개한테도 불성이 있습니까, 없습니까?"

조주가 답하였다. "무(無)."

개라고 하는 놈이 이 견성입리 제일의 질문이 되어서 예부터 많은 수행자의 골수를 깎아먹고, 용기와 재기가 뛰어난 인물들의 피와 구슬땀을 쥐어짰다. 어쨌든 운수는 온 세상의 귀한 재산과 입을 것과 먹을 것을 베푸는 시주 덕에 수행에 전념할 수 있는 것이다. 한 알의 곡식이 모두 시주의 뼈와 피와 마음이 들어 있는 것으로 쌀을 모으는 것으로 인해 먹을 수 있는 날마다의 공양은 다만 오체를 유지하기 위한 최저선에 그친다. 거기에서 호화로움을 생각하면 자기로부터 추방당하니 오직 고마움을 갖는 생활을 해야 한다.

탁발

1·3·6·8일은 또한 탁발의 날이기도 하다. "두 손으로 발우를 받들어 든다"는 뜻으로 총림에서는 보통 "탁발"이라고 부르는데, 세 명이 한 조가 되어 아침부터 11시까지 시가를 안행(기러기 열을 지어 날 듯 일렬로 서가는 모습)을 이루어 다닌다. 바로 석존 때부터 전해 내려오는 걸식 행상이다. 가난하더라도 거지는 되지 않겠다고 생각했던 어릴 때부터의 꿈이 거꾸로 된 기분이다. 처음으로 "동복승당"이라고 써놓은 글씨를 목에 걸고 눈이 오나 비가 오나 맨발에 짚신만 신은 채 오, 어만 연거푸 부르면서 여기저기 시주를 받으며 돌아다니다 보면 어느 새 그렇게 왕성했던 사바의 기상은 어디로 사라지고 목소리는 모기 목소리만도 못하게 작아진다. 그러면 곧 인도하는 책임자에게 질책을 받아 사자후를 부르짖으나 그들의 유창한 소리와는 달리 기묘한 소리가 되어 나올 뿐이다.

그러나 이러한 가운데에서도 고참, 신참 할 것 없이 시주를 받고 있으면 어느 새 마음이 넓어져 남을 업신여기는 마음도, 아만도 모두 날려 버리고 오로지 탁발에만 몰두하게 된다. 시주를 하는 자나 시주를 받는 자나 한번도 만난 적이 없어 낯설고 이름도 모른다. 오직 합장만 할 뿐이다. 어떠한 구애에도 걸림 없이 물 흐르는 것과 같은 마음이 된다.

잠깐 머무르다

아무리 잘 걷거나 달릴 수 있는 튼튼한 다리를 가졌다고 자랑하던 사람도 이른 아침부터 목청 높여 소리지르며 거리를 돌아다니다 보면 마침내 지치고 만다. 무리를 이끌고 가는 스님은 상태를 보면서 휴식을 생각한다. 작은 쉼터나 적당한 장소가 없으면 신도나 인연이 있는 절에 들러 현관이나 법당의 추녀 밑에서 잠깐 동안 머무른다. 대개는 이런 곳에서도 친절하게 차와 과자 대접을 받게 된다. 운수에게 시주를 하는 사람들은 특별히 사례로 하는 예를 기다리는 법도 없고, 조금이라도 뽐내고 자랑하는 마음도 갖지 않는다. 정말로 "무상(無相)의 베풂" 그 자체이다. 주는 이도 무심, 받는 이도 무심, 자아 욕망의 굴레를 버리는 것이 보시이기 때문이다.

탁발은 이렇듯 사바 사람들과 불교와의 소중한 인연을 맺는 것일 뿐만 아니라 수행자 자신의 깨침에 인연이 될 수 있는 장소로 의의가 있다. 백은선사의 커다란 깨달음에서도, 정수노인(正受老人)이 있는 곳에서 탁발 중 일어났던 일화를 들려준다. 견성, 몸과 마음이 자유롭게 해탈을 얻는다는 것은 선방에서만 일어나는 것은 아닌 것 같다.

절로 돌아오다

　11시까지 탁발을 끝내고, 곧바로 경내로 돌아온다. 본산 경내에 돌아오면 일제히 삿갓을 벗고, 총림 문전이 가까워 오면 무리를 이끌고 가는 스님은 아귀에게 베푸는 경을 외우기 시작한다. 독경을 하면서 상주의 수호신 앞에 나란히 서서 방금 끝난 걸식행의 원만성취에 대해 고마워하고 재산과 입을 것과 먹을 것을 베푼 사람들의 공덕이 무량하기를 기원하고 흩어진다. 그리고 이날의 탁발은 이른바 한 톨의 쌀, 한 푼의 동전일지라도 개인의 소유가 될 수 없다. 모두 회계에게 주어서 자세한 내용을 장부에 기록하지 않으면 안 된다. 이것이 바로 식평등(食平等)의 규칙에 의해서 모든 생활의 자금과 식량에 충당하는 것이다.

　부언하자면 탁발이 갖는 여러 가지 의미 중 물질적인 측면을 보면, 마을의 모든 사람들에게 보시하는 마음으로 욕심을 버릴 수 있는 기회를 주고자 하는 것이다. 한편 탁발승에게는 자기를 몰각하고 있는 상태로 온갖 오욕과 번뇌를 참고 원심을 일으키지 않는 수행을 위한다는 정신적인 측면을 강조한 것이다. 탁발은 정말로 나에게도 이롭고 다른 사람에게도 이로우며 스스로도 깨닫고 남도 깨닫게 하는 보살의 불도 수행을 하는 것일 뿐이다.

재식

　11시, 운판이 울린다. 쌀과 보리가 3 대 7의 비율로 섞인 밥에 된장국, 단무지뿐인 재식(점심 공양). 형편에 의해서 공양에 참석하지 못하는 자는 별도로 먹는데, 마찬가지 과정을 거친다. 먼저 『반야심경』을 독경하고, 마음을 평정하게 가다듬고 「오관문(五觀文)」, 「사시 공양의 게」를 외운 다음 공양의 의의를 생각한다. 공양할 때 읽는 「오관게」(스님이 공양에 임해 생각해야 되는 다섯 가지의 생각)의 내용은 총림에서 공양하는 근본 뜻을 가장 잘 나타내고 있다.
　① 공양의 진실한 가치를 생각해서 밥을 먹게 되기까지의 모든 노고에 고마워한다.
　② 자기의 덕행에 대해서 반성의 인연으로 삼는다.
　③ 탐·진·치 삼독을 버리는 목적으로서 자기의 것 이외에는 탐하지 않는다.
　④ 체력을 유지하기 위한 약임을 잊지 않는다.
　⑤ 도를 이루기 위해서는 진실한 마음으로 이 공양을 받는다.
　또한 아귀에게만 베푸는 보시만이 아니고 굶주린 자 모두에게 마음으로부터 베푸는 것으로서 공양 때에는 이를 새롭게 깨달아서 스스로를 채찍질한다.

울력

"하루 일하지 않으면 하루 먹지 않는다"라는 말이야말로 총림 생활의 중심 사상이며, 선당 제도의 원조이다. 백장선사는 80세가 지난 나이에도 매일 밭일을 하여 쉬는 법이 없자 제자가 밭일을 못하게 호미를 감추었다. 그러자 백장선사는 방에 들어앉은 채 공양도 하지 않았다. 제자가 이상히 여겨 그 까닭을 물으니 "하루 일하지 않으면 하루 먹지 않는다"라고 말씀하셨다.

이후 총림에서는 노동을 "움직임의 수행"이라고 해서 "고요함"의 좌선과 함께 중요하게 여기고 있다. 말하자면 움직이는 가운데의 공부이다. 선방의 노동에는 전혀 강제성이 없다. 어디까지나 자율적인 것으로 자주적 정신만이 인정을 받는다. 큰일은 산의 작업을 비롯하여 잔일은 풀 뽑기, 청소에 이르기까지 고참 신참 가릴 것 없이 묵묵히 노동의 땀을 흘린다.

일하는 중에는 낮은 소리로 속삭이거나 심심풀이로 이야기를 주고받는 것은 생각할 수도 없다. 사람들이 싫어하는 일, 관심 없는 일을 막론하고 준비부터 작업에 이르기까지 뒤처리를 솔선 수범하여 행하기 때문에 자연히 능률이 많이 오른다.

"하루 일하지 않으면 하루 먹지 않는다"라는 원칙에 의해서 휴일 이외에는 꼭 작업이 주어지며, 탁발이나 강의가 있을 때에는 오후 대여섯 시경까지, 또 때로는 하루 종일 땀을 흘리며 일할 때도 있다.

원두(園頭 : 채소 가꾸기)

　총림에서의 먹거리는 모든 사람들의 재시(재산과 입을 것과 먹을 것을 베푸는 일)로 해결하긴 하지만 자기 스스로의 힘으로 살아가기 위한 노동을 항상 해야 한다. 특히 야채 등은 전부 자급 자족하기 때문에 밭일 가운데에서도 제일 중요하게 취급하고 있다. 각자에게 정해진 일에 묵묵히 몰두하는데, 삼매는 크게 비료를 뿌리는 삼매와 종자를 심는 삼매로 나눌 수 있다. 모든 수행자는 이처럼 노동을 통해서, 즉 땅에서 얻는 씨앗 한 톨에서 수미산과 같은 무게를 깨달을 뿐만 아니라 천지의 은혜를 스스로 터득하게 된다. 정성을 들여 가꾼 오이·참외·수박 등의 첫 수확을 수호신(천신)에게 공양으로 올리면서 수확의 기쁨을 맛본다. 한편 "움직이는 가운데의 공부가 조용함 속의 공부보다 백천만 배 낫다"라고 하는 교훈을 몸으로 체득한다. 총림의 생활을, 앉아서 졸거나 하는 혼수 상태라든가 명상만 하는 것으로 자칫 잘못 알기 쉬운데 사실은 그렇지 않다. 움직이는 가운데에 공안을 잊어버리지 않는 공부가 선방의 생활인 것을! 따라서 수행은 어디까지나 현실 속에서 생생하게 살아 있는 것이 참 수행인데, 그것은 노동을 통해서 실증되며, 실천의 길을 체득하는 것이다.

머리를 깎다

　4나 9가 들어 있는 날에는 삭발을 한다. 아침의 독참 후, 방석을 단상 위에 정리해 놓고 옆자리의 스님에게 머리 숙여 합장한 후 서로 번갈아 가며 삭발을 한다. 머리칼을 끊는 것은, 번뇌를 버리고 망상을 끊겠다는 굳은 의지의 표시로, 이렇듯 엄숙하고 뚜렷한 수단이나 방법은 그 어느 곳에서도 찾아볼 수 없다. 부처님은 말씀하셨다. "탐·진·치의 망상이 일어나면, 먼저 자기의 머리를 만져 보라." 여기에 불제자의 상징인 스님 머리는 나한, 호박, 망치(빡빡 깎은 머리 모양을 가지고 붙인 별명)를 가리지 않고 잘 손질해 놓을 필요가 있다. 그러나 살아온 날이 짧은 신참들은 삭발을 조금은 부끄러워한다. 태어나서 처음으로 잡아보는 삭발하는 칼, 이것을 숫돌에 갈아 깎는 모습은 정말로 불안해 보인다. 상대방의 머리에 상처라도 내면 큰일이다. 조심조심. 그런데 고참 가운데는 놀랄 정도로 능숙해서 자신의 머리를 혼자서 깎는데, 그 모습은 가히 예술의 경지라고 해야 할 것이다.
　"탁―, 이 달마야! 어째서 수염이 없는고!" 하는 뛰어난 고덕의 어구가 있다. 신참이라 할지라도 이 문제를 해결할 때쯤 되어서는, 누구나 훌륭한 이발사가 되기 마련이다.

14일과 29일의 대청소

14일과 그믐(29일)은 해가 이마 위에 떠오를 때까지 늦잠을 잘 수 있다. 삭발 후 선당 안팎의 대청소를 하고, 오후에는 자기의 주변 환경을 정리한다. 제일 부정한 곳을 선당에서는 화장실이라 부른다. 화장실도 칠당이 배치된 절 중의 하나에 속하는 것인데, 여기에서도 역시 화장실의 더러운 것을 모두 깨끗하게 하는 명왕(화장실을 깨끗이 지키는 신)께 제사를 올린다. 이것은 별로 달갑지 않은 일이지만, 꼭 필요하다. 이러한 공덕을 짓는 사람들은 남의 눈에 띄지 않게 행하는 봉사자로서 총림에서는 될 수 있는 한 많은 수행자가 음덕을 쌓도록 지도한다. 이곳은 마음 바탕의 개발 도량임과 동시에 음덕을 쌓는 곳이기도 하다. 깨침이 열려도 행과 멈춤이 상응할 줄 모르면 안 된다. 사람들이 하기 싫어하는 화장실 청소를 신참에게만 시키지 않기 때문에 고참도 참선을 마친 후에는 화장실 청소를 한다. 선의 진실한 수행이 화장실에 있기 때문인지 신참들은 다투어 가며 명왕에게 달려가 신심을 깨끗이 단련하는 것을 하나의 표본으로 삼는다.

목 욕

욕두(浴頭)는 목욕물 데우는 담당을 의미한다. 4·9일에 당내의 스님이 번갈아 가며 당번으로 지객료의 지도를 받는다.

목욕물을 데울 때의 땔감은 경내에서 쓸어모은 낙엽, 마른가지에 한한다. 물 쓰는 것은 유난히 엄격하여, 연료나 목욕물을 함부로 낭비하면 천지 자연이나 중생의 은혜에 위배되는 것으로서, 선을 배우는 이들은 엄중히 경계하고 있다. 신참들이 먹고, 잠자고, 소근거리는 행동 또한 엄하게 다스린다.

노사의 목욕이 끝나면 목욕 당번은 전 대중의 목욕을 알리는 죽비를 두드린다. 대중은 이 소리에 따라서 차례로 욕실로 향하는데, 목욕 전후를 입욕선이라 한다. 물로 인하여 깨침을 얻었다는 발타바라보살에게 삼배하며 반분의 향이 타는 동안, 더운물을 아주 절약해서 오체에 낀 때를 정성껏 씻어 낸다. 물 한방울도 헛되이 사용해서는 안 되며, 욕실 내에서의 소란은 물론, 낮은 소리로 소곤대는 것도 허락하지 않으며, 잡담이나 담소를 금하는 장소 중의 하나이다. 목욕할 때의 정신은 일상생활에 있어서 몸을 깨끗이 하는 것과 달리 모든 개념의 더러움을 씻어 내야 한다. 목욕도 수행의 연속에 불과할 뿐이기 때문에.

축복 기도(초하루 · 보름의 축성 행사)

세옥간(洗玉澗 : 시냇물을 아름답게 이르는 말) 길 양쪽으로 우거진 단풍나무의 파란 잎에는 아직 이슬을 머금고 있다. 산골짜기를 흐르는 물위에 놓은 다리인 '통천교'를 새벽 공기를 가르며 먹물 옷을 입고 묵묵히 걸어가는 일행이야말로 한 폭의 남종화(중국 회화의 이대 계보의 하나)이다. 어느 절이든지 설날 아침은 물론 매월 초하루와 보름은 "축복 기도일"이라고 해서 특별히 축성을 올린다. 지금 대중은 노사들과 함께 천황의 건강을 축성하고 나라의 안녕을 기원하기 위해서 일제히 선당을 나가고 있다.

아침 7시, 큰 대중방의 범종이 온 산에 울리면, 본산 주지를 겸하는 시의화상이 향을 받들고 노사를 모시고 그 모습을 드러낸다. 대중은 흰옷·하얀 버선·가사 등 운수 최고의 옷을 입고 당내·상주 전원이 노사의 뒤를 따른다. 정월 초하루 아침, 음력 초하루와 보름의 규율에 맞는 행동을 함은 물론 행사에 나아가는 것을 중요하게 생각하던 옛 스님들의 마음을 잊어서는 안 될 것이다. 언제나 현관에 꿇어앉아 버티기로 처음에 먹은 마음이 커다란 용맹심이 된다. 또한 운문의 기묘한 말인 "일일시호일(날마다 좋은날)"을 철저히 하는 것이 선자의 진면목이다. "15일 이전에는 묻지 않았는데, 15일 이후에는 무엇인가 깨달은 것이 있을 것이다" 하고, 물음에 침묵하는 제자들을 대신해서 자기가 대답한 것이다.

대합창의 행진

준엄하고 엄숙한 법당의 수미단상에는 문수보살과 보현보살을 이어서 사천왕의 수호를 받고 있는 석가모니불을 바로 눈앞에서 우러러보며, 경을 읽어 올리는 순간이야말로 긴장된 몸과 마음이 함께 숙연해진다. 중앙에는 노사, 동서 양쪽에는 수양이 깊고 학덕이 높은 스님들이 줄지어 앉아 있고, 서쪽 뒷부분에는 총림 무리가 정렬해 있으며 경(磬 : 작은 종)을 치고 요령을 흔들면서 좀 빠른 속도로 「천수다라니」를 외운다. 그때마다 노사의 경건한 향 사름과 함께 연거푸 절을 한 뒤에 드디어 「능엄주」의 차례가 오면 유나(수행 연륜이 많고 덕이 있는 스님)의 법당 안 돌기가 장중하게 시작된다. 전원이 독경의 화음으로 화답함과 함께 기원의 대행진으로 옮긴다. 유나가 앞장서서 천천히 발을 옮기면, 노사는 그 뒤를 따르고, 양반의 화상이 머리 숙여 합장하며 일렬로 줄을 잇는다. 맨 뒤에 운수들이 따르면서 큰 기역자형을 그리면 법당 안이 가득하다. 가슴에 양손을 가지런히 모으고 한걸음 한걸음 힘있게 밟으며 나아간다. 일대 장관인 아름다운 독경 소리의 조화는 용이 얼크러져 있는 높은 천장까지 여운이 꽉 찬 후 되돌아온다. 신참들도 행진하는 무리의 흐름에 끼여서 향연이 은은하게 퍼지는 가운데 마음속 깊이까지 파헤치며 들어오는 법열경을 만끽한다.

식사 초대

　식사를 대접하는 의미에서 신도회의 불자집에서 정성어린 초대가 있다. 멀건 죽이나 검은 보리밥 정도밖에 먹지 못하던 참에, 점심으로 정성껏 차린 음식을 대접받는다는 것은 참으로 기분 좋은 일이다. 그러니 너나 없이 재빠르게 절을 빠져나가기 마련이다. 탁발 차림으로 초대한 불자의 집까지 아무리 멀어도 터벅터벅 걸어가기도 한다. 비행기가 하늘을 날아다니는 시대에 묵묵히 걸어가는 것이 어리석어 보일지 모르나 꼭 그렇지는 않다. 운수의 걸음은 놀랄 정도로 빠를 뿐만 아니라 걷는 것 자체도 수행과 결부되기 때문에 안타까운 마음을 가질 필요는 없다.

　초대한 집에 가서의 인사말은 인도하는 책임자의 몫이다. 먼저 불단에 예배한 후 『관음경』으로 선조에게 회향하고, 점심 공양을 향해서 총림에서와 마찬가지로 한치의 어긋남이 없는 예절을 갖춘다. 이것은 신참의 강한 기개를 꺾는 일이 된다. 나오는 공양마다 고개 숙여 정중하게 받은 후 먹고 또 먹어 그릇을 모조리 비워 버린다. 모두 먹어 치워 빈 그릇뿐인 상을 보고도 주인의 얼굴에서는 기쁜 빛이 사라지지 않는다. 경에 "과거의 마음으로도 가히 얻을 수 없고, 현재의 마음으로도 가히 얻을 수 없고, 미래의 마음으로도 가히 얻을 수 없다고 했는데 지금 점심을 먹으려고 하는 그대의 마음은 어떠한 물건인고?"라고 해서 덕산을 애먹인 공안과 같은 심술궂은 노파의 모습은 찾아볼 수 없다.

저녁의 근행

선방 스님의 좌우명이 "첫째는 불경, 둘째는 청소"이듯이, 3시가 되면 저녁 근행(勤行)으로 오랫동안 『금강경』 등을 독경한다. 그러나 경전의 의미는 쉽게 파악되지 않는다. 신참은 "길고 긴 불경을 외워야 공덕이 있다"고 하는 말을 이해하지 못한다. 그러나 고참이 되면 자연히 그 내용을 자연스럽게 이해를 하게 되므로 어줍잖은 질문은 필요 없다. 불경을 읽는 것과 소원이 이루어지기를 비는 것이 하나가 되어 독경 삼매에 들어가면 족하다. 이것은 병이 들면 자기가 직접 병명을 찾아 약을 조제하지 않고 의사의 처방을 믿고 바르게 약을 먹으면, 병이 낫는 공덕이 스스로 나타나는 것과 같은 이치일 것이다. 옛날 덕산은 손에 든 등잔불을 용담스님이 입으로 "후" 불어서 꺼버리는 순간 갑자기 진리를 크게 깨달았다고 한다. 그는 "어떠한 현묘한 이치를 궁극하였다 하여도 마치 아주 작은 것을 하늘에 집어던지는 것과 같고, 세상의 모든 것을 다하여도 한 방울의 물을 거대한 골짜기에 버린 것과 같다"라고 하며 제일 귀중하게 여겼던 『금강경주석본』을 불살라 버렸다고 한다. 결국 교리, 경전, 지식이라는 것은 깨달은 후에는 의미가 없는 것으로서, 촛불과 같은 것에 지나지 않는다.

청 소

총림에서 좌선당 이외의 중요한 건물은 거실과 방장(주지가 거처하는 방)이다. 방장의 남쪽에는 바람이 잘 통하는 큰 마루가 있고, 거실과 곳간 정면에는 넓은 판자로 된 벽이 있는데, 여기에 각 역원의 방과 취사장이 접해 있다. 어디를 보든 구석구석 깨끗이 청소하여 정리해 놓은 모습은 볼 만하다. 마루나 기둥은 온통 검은 칠로 되어 있고, 일용품의 배치는 이루 말할 수 없이 정연하다. 이것은 도량이 문을 연 이래 이곳의 많은 스님들이 마음속의 번뇌를 떨쳐 버리기로 맹세하고, 오직 하나 구도의 길을 가고자 하는 뜻을 아침저녁의 청소로써 나타낸 증거이리라. 마땅히 있어야 할 장소에 물건을 정리해 놓고 환경을 청결히 하는 것은 일상 생활에 있어서 제일 중요하다. 마음속의 죄 없이 깨끗함을 안목이라고 여기는 총림에서 마음 밖의 한 점의 티끌도 산란하지 않도록 하는 것은 너무도 당연하다. 규칙에도 일용품은 정성들여 사용하고, 하나하나 쓰고 난 다음에는 본래의 자리에 갖다놓아야 한다고 되어 있다. 정돈하기 위해서 정돈하거나 능률, 고용을 위해서만 정돈하지 않는다. 물건을 살아 있는 것과 같이 사용하고, 물건이 있게 된 동기에 대해 자비와 고마움도 나타내기 위함이다.

혼종(저녁 무렵에 치는 종)

선당의 문살에 황혼이 물들 때쯤 불당의 범종이 해질녘의 대기를 가르며 울려 퍼지기 시작한다. 그러면 『관음경』을 조용히 읊으면서 사자후의 설법이라고 하는, 즉 어떤 어려움에도 굽히지 않는 강한 의지를 한마디 한마디 깊이 새기며 음미한다. 청정 수행자는 종을 치는 것이 아니라 어쩌면 자기 자신을 두드리고 있는지도 모른다. 번뇌를 소멸하고 영혼을 잠재우는 장중한 소리. 기원정사의 종소리는 "우주 사이의 만물이 무상이라 소멸하면 즐거움이니라" 하는 의미를 머금은 채 천지를 소리 속으로 몰입시켜서 총림의 곳곳에 "웅웅 웅웅" 하며 울려 퍼진다. 멀리 마을까지 스며드는 이 저녁 무렵의 맑은 종소리. 사람들은 이 종소리를 들으며 무엇을 새기고 있을까? 운문은 "세계는 이와 같이 넓은데, 모든 스님은 저 장엄하게 울리는 종소리를 듣고도 왜 가사를 걸치고 법당에 나가지 않는고!"라는 말을 남겼다. 앞으로의 정진에 있어서 신참은 어느 정도, 어떻게, 무엇이 되어 갈 것인가? 울려 퍼지던 황혼 무렵의 종소리가 멈추고, 총림의 산문인 비(扉)가 조용히 닫히면, 밤의 참선 시간으로 조용히 옮겨진다.

야경

해가 지면 희미한 등불이 당내에 켜지고 이윽고 입승이 입당한다. 입승이 보좌 스님을 시켜 죽비를 치도록 하고 성승에게 헌향 삼배를 마치면, 죽비를 두 번 친다. 상주에서는 이것을 신호로 야경(夜警)을 시작한다. 각각의 법당을 순찰하는 당번은, 허리띠로 가슴과 등에 X자 모양으로 멜빵을 메고, 큰 딱딱이를 치면서 "옴 바살바엔터이수야진 사바하"라는 밤을 지키는 신의 주문을 외우면서, 상주로부터 당내에 걸쳐 경내를 빠짐없이 돈다. 총림의 화재와 도둑 침입 방지는 특별히 신경을 쓰지 않으면 안 된다. 일과 중에 제일 태만히 할 수 없는 것이 불조심하는 것으로, 상주 규칙의 첫머리에 "불조심 확인"이라고 게시하고, 대흑주신의 기둥에는 "근면히 하여 오직 불을 주의하라"는 호부(護符 : 재액에서 지켜 준다고 하여 몸에 지니는 부적)가 깔끔히 붙어 있는데, 불을 취급하는 상주에서는 각별히 신경을 써야 한다. 또한 해가 지고 방선(그 날의 좌선 수행이 끝남) 때까지 비바람을 가리지 않고 매일 밤 두 번의 야경을 돌아서 방재에 힘써야 한다. 당내에서는 저녁의 참선 정진에 몰두하고 있다. 낮의 일이 끝나면 거사들까지 모여서 공부에 힘을 쏟아 정진 삼매의 시간 속으로 빠져든다.

방선(放禪 : 그 날의 좌선 수행이 끝남)

보통 옷을 벗고 이불 속에 들어가 소등하는 시간은 보통 9시 반, 대접심 때는 11시다. 취침의 목판은 조경이 친다. 3·5·7의 소리는 기상(새벽의 기상과 동시에 참선에 들어감)으로부터 긴장되고 힘들었던 하루의 일과를 마쳤음을 알리는 것이다. 사찰 경내는 고요와 안온함 그대로다. 입승은 이때 성승께 하루의 편안함을 고마워하는 마음으로 헌향 삼배하고 대중은 『존승다라니경』을 독송한다. 일동 삼배가 끝나면 곧 단위의 깔개를 선반에 정리해 놓고, 재빨리 법의를 벗어 차곡차곡 정리한 다음 선반에 있는 여름과 겨울 겸용인 한 장의 이불을 내려서, 한 자락은 깔고 한 자락은 덮을 수 있게 한 다음 옷입은 그대로 이불 속으로 들어간다. 베개는 방석을 둘로 포개서 벤다. 그러면 어느 새 마루의 귀틀에는 네모난 기둥의 머리가 나란히 줄을 잇는다. "아— 신참!" 긴장감의 연속이었던 하루. 이젠 꿈결 같은 휴식인 잠에 빠질 수 있다. 입승은 천천히 침상을 한 바퀴 돌아 검사한 후 경책을 거둔다. 당내는 성승 앞의 잔향만 한 줄기 빨갛게 타고 있을 뿐 어둠이 드리워져 캄캄한 총림은 고요히 잠 속에 들어간다. 그러나 이때도 운수의 힘든 수행은 끝나지 않았다. 밤좌선을 하기 위해 이불 속에서 빠져나와 하나둘 밖으로 나가기 시작한다.

부사(선당의 재정 담당)

선당의 재정을 담당하고 있는 회계는 이곳에서는 절에 오고가는 손님을 안내하는 일까지 겸임하고 있는 평석이다. 속세의 때 절은 바람이 별로 와닿지 않는 총림이지만, 월말쯤이 되면 사찰하고 관계 있는 상인들이 회계의 집무실에 몰려들어 사바 세계의 냄새를 물씬 풍기게 한다. 그 중에는 이익을 추구함에 악착 같은 상인도 있어서 그에 대응하는 회계도 보통 만만하게 굴지 않으면 안 된다. 어떠한 경우이든 절에 돈을 내는 것은 모두 시주의 피와 땀이 깃든 시주 물건이다. 따라서 절약하고자 하는 마음이 더욱 간절하다. "백은이 한쪽 손을 쳐든 소리를 들으려 하지 말고, 두 손을 맞부딪쳐 열심히 장사하라." 운수의 『세어집』에 이와 같은 구절이 나오지만 경솔하게 그 의미를 붙이기 힘들다. 그러나 이것은 돈을 버는 것이 중요한 게 아니라, 장사를 통해서 세상에 이익을 주려고 노력하는 것이 불성을 발휘하는 불제자의 근본이 된다는 뜻일 것이다. "치생산업(治生産業), 이러한 모든 것이 불법"이라는 뜻은 직업에는 본래 귀천이 없고, 지성을 다해서 성심껏 노력하는 것이 귀한 직업이라는 말이다. 즉 이윤만 목적으로 하는 것이 아니라, 성스러운 직업관을 가지고 최선을 다하는 상인이 많으면 많을수록 밝은 사바 세계가 이루어진다는 뜻이 내포되어 있다.

시종(侍從)

　은시료 또는 전판료라고도 하는 조실방의 시자의 역할은 매우 힘들다. 두 사람의 운수가 노사의 공양 준비에서부터 참선의 용의(用意), 손님 접대, 외출 동행에 이르기까지 속옷 빠는 일 이외에는 일상 생활에 있어서 필요한 모든 시중을 다 든다. 즉 가정의 주부 역할까지 도맡아 해야 하는 그야말로 숨쉴 틈 없는 바쁜 직책이다. 밤이 되면 그 날의 참선 수행을 끝낸 노사의 안마까지 하고 나면 몸은 녹초가 되어 걸레처럼 흐느적거림에도 불구하고 또다시 다음날의 참선을 위하여 밤좌선에 들어가 여분을 가다듬는다. 노사는 부탁을 받으면 자주 붓글씨를 쓰게 되는데, 먹을 가는 일도 시자의 몫이다. 특히 스승의 선 그림은 일품이지만, 거기에 더 붙여서 붓끝이 힘차고 자연스럽게 흘러서 회심의 미소를 지을 만큼의 작품이 나왔을 때에는 시자의 기쁨 또한 더할 나위 없다. 달마를 그리면 곧 살아 튀어나올 것 같은 조사와 같고, 난을 치면 향기가 사방 천지에 진동하는 것 같다. 그 누가 혼이 들어간 달마를 그리며, 향기 그윽한 난을 치겠는가. 참으로 선적 경지를 묵 한 방울에 나타내는 거장의 위력이야말로 대단하다. 달마의 혼과 스승의 마음이 일체가 되어 형식이나 모양에 구애됨이 없고 화폭 가득히 종횡무애하게 약동하는 무아의 경지 자체이다. 시자는 그저 입을 다물지 못한 채 감탄할 따름이다.

부수(副隋)

어느 곳이든 다른 사람보다 배 이상의 힘든 일을 하면서도 화려한 직책의 그늘 밑에서 그다지 눈에 드러나지 않는 역할이 있다. 부수료(副隋寮 : 서무실)가 바로 그것이며, 총림의 잡무를 도맡아 하는 직책을 부수직이라 한다. 날마다의 일정, 작업 계획, 공양미 모으기, 탁발 예정 지역의 배당, 손님 접대, 중개 역할, 물자 조달이나 요리, 재 준비, 보시 배분, 그리고 일지에 이르기까지 만물상과 같은 역할을 한다. 그 중에서도 행사나 큰일이 있을 때는 의식준비에서부터 뒤치다꺼리까지 숨쉴 틈 없이 바삐 움직여야 하는 역할이다. 총림에서는 모든 생활의 경험이 곧 좌선의 길로 통하게 마련이다. 행주좌와(行住坐臥 : 가고, 머무르고, 앉고, 자는 일), 즉 항상 화두를 가슴속에 꼭 지녀서 천칠백 공안 뿐만 아니라 무한한 현성공안에 이르기까지 그 자체가 모두 공안이 되어야만 한다. 다시 말해 잡무 하나 하나에서부터 생활 속의 여러 가지 문제에 이르기까지 모든 것이 공안이 되어야 한다. 뿐만 아니라 심성을 굳게 세우고 이것을 토대로 해탈을 증험해야 된다. 거기에 강한 사명감을 일으켜서 많은 공덕을 쌓고 돌아오는 희열에 정성을 쏟아 정진하고 또 정진해야 한다.

첩안

법요 의식의 한 가지로 손님 접대를 위하여 특별히 만드는 요리를 첩안(貼案 : 특별히 만드는 요리)이라고 한다. 산사의 음식 재료는 보잘것없거나 버려야 할 정도로 못쓰게 된 것이라도 꼭 활용하도록 하는 것이 예부터의 풍습이다. 어디서든 마찬가지겠지만 요리할 때에 매우 정성을 들여 만든다. 계절마다 나는 여러 가지 채소를 잘 활용하여 맛의 변화를 준다. 공양주는 재료를 사용하는 방법, 즉 자르는 법에서부터 맛을 내는 방법까지 배운다. 이와 같이 산사의 요리는 잔손이 많이 가고 사소한 데에까지 마음을 써 깊은 맛과 영양이 풍부하다. 특기할 만한 것은 고기나 생선을 일체 사용하지 않는데도 지방과 단백질이 풍부하다는 것이다. 그것은 콩이나 식물성 기름을 잘 이용할 줄 아는 뛰어난 요리 솜씨에 있다고 보여진다. 속세에서도 인기 있는 채식 요리 몇 가지를 소개하려 한다.

비룡두(飛龍頭) : 잘게 썬 야채에 두부를 부쉬 넣고 잘 이겨 기름에 튀긴 요리

건장즙(建長汁) : 야채를 기름에 볶아 간장으로 맛을 낸 국

국청즙(國淸汁) : 야채를 기름에 볶아 된장으로 맛을 낸 국

논 페 이 즙 : 야채나 두부 등을 썰어 넣고 끓인 물에 칡뿌리를 짓찧어 물에 갈아앉혔다가 말린 가루를 푼 후 생강즙을 잘 섞어 맛을 낸 국

참선록

신변 정리하는 휴일

총림에서 미리 예고라도 하듯 엄격하고 맹렬한 접심(용맹정진)에 들어가기 전 드디어 신변 정리의 날이 돌아왔다. 도량에 따라 차이는 있으나 1년에 두 번의 금족(禁足 : 결제할 때 드나들지 못하게 하는 일)이 있다. 하안거(5월 1일부터 7월 말)와 동안거(11월 1일부터 1월말)가 그것이다. 이 시기에는 사무와 외출을 금하고 오로지 수행에만 정진해야 한다. 이 90일간의 안거 기간에 들어가면, 몇 번의 접심이 있게 마련이다. 접심을 시작하기 전에 몸과 마음가짐을 새롭게 하기 위해서 하는 것이 신변 정리이다. 먼저 이 날은 옷 정리나 세탁을 하고, 몸이 아프면 병원에 가서 치료를 받으며, 자질구레하고 번잡스러운 주변 일을 정리하여 오직 한 가지 일에만 전념할 수 있도록 준비한다. 대개 완전히 준비해 놓지만 신변의 자질구레한 일들을 대강 정리해 놓고 남는 시간에 산문 밖으로 나간다. 그리고 아는 집이나 명소, 관광지를 돌아다니면서 세태와 인정에 기웃거리기도 한다. 이때 바깥 세상의 유혹에 마음을 빼앗기지 않기 위해서 발걸음을 재촉하곤 한다. 그러다 보면 하루해가 눈 깜빡 할 사이에 지나가 버리고 만다.

다도에 출석하다

　내일은 하안거. 그 전야를 맞이했다. 참선 뒤의 죽비 오성은 입제 전체 다도의 준비를 알리는 소리다. 흰 버선을 신고 찻잔을 장삼 소매 끝으로 가무려 든다. "탁―." 조금 있다가 또다시 "탁―." 출두의 죽비 소리가 들리면 당내의 대중은 입승을 선두로 엄숙하게 법당의 아랫문으로 들어온다. 이미 앉은 상주 대중을 바라보면서 나란히 앉는다. 그러면 정면의 윗자리에 노사가 지객의 인도를 받으며 앉는다.

　초하루와 보름의 축성전체다도 이외에도, 입제(하안거, 동안거가 시작되는 것을 의미), 해제(하안거, 동안거가 끝나는 것을 의미), 입제 중간, 납팔(부처님 성도일)의 각 대접심 때라든가 중요한 행사를 시작하기 전과 끝난 후에는 언제나 전체 다도가 있어서 모두 한 자리에 모여 같은 약관의 차를 따라 마신다. 선방의 스님은 차와 인연이 깊다. "차를 만나면 차를 마시고, 밥을 만나면 밥을 먹는다"라는 말이 있다. 이 말은 "있는 모양 그대로"를 의미하는 것이 아니다. 심상다반사(尋常茶飯事), 즉 일상 생활 속에 실상묘법의 진면목이 숨어 있다는 진리를 쉽게 잊어버리고, 그냥 지나치기 쉬운 일 모두 부처님의 행(行)인 것을 마음속 깊이 새겨서 지성으로 불행(佛行)의 삼매에 들어가 한결같이 정진하도록 노력해야 하는 수행인으로서의 몸가짐을 뜻하는 말이다.

차의 축배

"차의 축배"는 단순한 형식에 불과한 의례가 아니다. 의지와 기개를 아주 새롭게 한다는 뜻이 있기 때문에 전체 다도는 총림 생활 속의 한 부분을 차지하며, 그만큼 큰 의미가 있다. 정면에는 노사의 높은 차반이 있고, 그 양옆으로 나란히 줄을 지어 앉아서 차를 마신다. 이때 당내 쪽부터 차례로 약관의 차를 따른다. 모두에게 차를 다 따르고 나면 일제히 합장을 한 후 마신다. 또다시 순서에 따라 차가 한 바퀴 돌고 나면 노사의 훈시가 시작된다. 다음엔 지객의 안내 말씀이 있다. 전체 다도 때의 분위기는 경건하고 아취가 있지만 예절 속에서 수행정신, 존경심, 고요함을 빼놓고는 그 아무 것도 없다.

모두가 한 약관의 차를 따라 마시는 선원 내의 법도는 차 한 잔의 향취 속에 천지만물이 일체감으로 몰입하게 한다.

노사는 언제나 훈시 속에서 "화합승제일"을 말씀하신다. 성덕태자는 "화합으로써 귀함을 삼으라"고 말씀하셨는데, 오늘날이야말로 전세계, 국경이나 인종을 초월하여 화합을 제일 갈망하고 있지 않은가. "화합", 이것이야말로 동서고금의 삼보라 할 수 있다.

귀감(龜鑑)

선문의 무리. 뛰어난 고덕의 말에 "참득하는 것이 우리 종문에 있어서 제일의 공부니라"가 있다. 노사는 지켜야 할 수칙의 첫 머리에 대접심(용맹정진)에 임하는 마음가짐에 대한 보기를 들려준다.

"깊은 뜻이 있는 덕망 높은 스님의 방편을 이해하지 못하는 무리는 공안 공부도 철저히 하지 못해서 헛되이 밥만 축낸다. 구도를 위해서 머리를 싸매고 모여든 이상, 오직 정진에 전념해서 불성을 철저히 꿰뚫어 자기의 행복은 물론, 사회에 공헌할 수 있는 힘을 체득하기 위하여 매우 짧은 시간도 헛되이 소비해서는 안 되느니라."

그건 그렇고 요즘 세상에 조사의 명맥을 이어가고 있는 곳은 선종뿐, 그것에 대한 뭇사람의 기대는 이루 말할 수 없다. 그러다 보니 이에 응하는 수행자의 책임도 무겁다. 뼈가 부서지는 한이 있더라도 성심 성의껏 이 안거에 정진하지 않으면 안 된다. 그런데 최근 각 총림에는 스님의 그림자가 점점 줄어들어 옛날의 북적거리던 모습은 찾아보기 힘들다. 우리들이 아무리 우주의 시대에 살고 있다 해도 인류 최고의 도는 선이다. 그런데 가끔 선이 근성을 기르고, 도덕과 규율을 지키며, 노이로제 치료, 스트레스 해소를 위한 방편으로 변질된 채 붐을 일으키기도 한다. 이렇듯 많은 사람이 추종한다고 해서 근본 목적은 잊은 채 불제자의 의무를 소홀히 하고서도 부끄러움을 모르는 무리가 있다면 그들이야말로 부처님 밥만 축내는 큰 벌레가 아닐까.

알 림

　입제 전날 밤, 신참들은 가슴을 두근거리며 긴장하게 된다. 그 날의 좌선 수행이 끝난 후 중간의 무리들에 의해 휴식소에 불려가 "주의"라고 해서 머리에 번갯불이 튀도록 기합을 받기 때문이다. 후배 지도의 꾸짖음은 살아 숨쉬는 임제 전통의 책략이다. 인정 사정없이 꾸짖고 몰아세움은 물론, 보리타작하듯 튀는 방망이도, 이곳에서는 미움도 싫어함도 아니다. 그 순간이 지나면 아무런 앙금도 남지 않는다. 이것은 오직 신참들이 가지기 쉬운 흐트러진 마음에 대한 자비의 책려이기 때문이다. 오늘밤 기합을 넣은 설법에서 또 한번 하늘을 쳐다보고 크게 웃고 말았다. 신참인 우리들을 혼비백산케 한 중간의 무리들이 한발 앞서 고참으로부터 세게 기름을 짜였기 때문이다.

　요즘 세상에 총림과 같이 상하의 질서가 엄격한 곳도 드물 것이다. 이곳에서는 먼저 입문하면 그만큼의 고참이 된다. 연공서열의 엄격함이 규율 잡힌 도량을 이끌어가는지도 모른다. 그래서 귀찮거나 힘든 일은 모두 신참들의 역할이다. 신참들의 마음과 행동이 나태해지면 중간의 무리들이 고참에게 책망을 듣고, 고참은 역원에게, 역원은 노사에게 책망을 듣는다. 질서는 규칙상 예부터의 전통을 토대로 하는 절차탁마(切磋琢磨 : 학문이나 덕행 등을 배우고 닦는 것)이다. 정진 도량의 법도는 앞으로도 살아 숨쉬며 면면히 이어질 것이다.

개 강

　모든 신참의 입방이 끝나면 중요한 사람 이외에는 산문 출입을 금한다. 해제 기간의 해방감은 흔적도 없이 사라지고, 긴장감만 감도는 5월 1일 결제 개강의 아침이다. 즉 하안거의 참선이 시작되는 날이다.
　오전 10시. 환종삼통(喚鐘三通 : 부르는 종소리 세 번)으로 행사가 시작된다. 대종소리 18번. 대중은 엄숙히 규율에 맞추어 행동을 정장하고 긴장하며 기다리다가 출두를 알리는 법고 소리와 함께 법당으로 들어간다. 법당은 장중한 분위기이며, 상석의 깔개에는 덕 높은 스님들이 단정히 앉아 있어 위엄을 더한다. 『천수다라니경』 다섯 번을 독경한 후 개강(開講 : 안거가 시작됨). 오늘의 법연이 성황리에 열리게 된 인연의 법화를 칠언시의 게송에 실어서 사자후하는 노사의 당당한 풍모는 엄숙함 속에서도 가슴이 탁 트이는 것 같은 청신함을 느낄 수 있다. 모두는 오체 투지하고 계속하여 『대반야경』 600권을 독경한다. 안거중의 공부가 순조롭고 무사하며 강한 분심이 일어나 견성 성불할 것을 마음속으로 기원하며, 모두가 경(經)을 공중에 집어던져서 활을 휘어잡는 것같이 크게 원을 그리며 정념하는 모습은 가히 성스럽다 할 만하다. 개강에 앞서 이렇듯 성대한 의식이 이루어진 후 이어서 대접의 점심 공양에 들어간다.

접심

선의 참 생명은 약동하는 접심(接心 : 용맹정진). 이것이야말로 총림 생활의 커다란 안목이다. 접심은 마음을 다잡아 모은다는 뜻이다. 이는 정신을 하나의 대상으로 해서 공안일도(公案一途)로 집중하여 산란하게 하지 않는다는 의미이다. 일정 기간 동안 낮과 밤을 눕거나 잠자는 일없이 앉아서 선만 하는 것을 말한다.

결제중은 접심중이라고 이름 붙을 정도로 "참선강조주간"의 연속이다. 하안거에 들어가면 5월 입제, 6월 중순, 7월 하순의 대접심이 있으며, 동안거에는 11월 입제, 12월 납팔, 1월 제말해서 1년에 여섯 번의 대접심이 있고, 한번에 일주일씩 정해져 있다. 뿐만 아니라 대접심의 행사를 전후로 해서 마음가짐을 다지기 위한 보통 접심 지취(地取 : 대접심에 임하는 각오)가 있고, 대접심이 끝나면 대접심중에 부족했던 점을 채울 목적으로 하는 평상접심 연반(練返)이 계속되어 그칠 날이 없다. 접심중에는 평소보다도 더 엄격한 법도 속에서 모든 것을 참선 입실에만 집중한다. 먼저 좌선 시간이 길어지고, 독참의 횟수도 많아진다. 외부와의 연락도 끊고, 아침에 일어나는 시간은 말할 수 없이 빠르고, 잠자는 시간 또한 아주 짧다. 그러므로 인간 신심의 소모가 이루 말할 수 없다.

명상사유(瞑想思惟 : 불심을 찾는 자세)

"공안 공부로서 자기의 본성을 철저하게 보아야 한다"라는 것은 동작이나 자세가 중요한 것은 아니지만, 선종에서는 실제로 좌선이 최선의 방법이라 하여 예로부터 수행의 중심이 되어 왔다. 옛 스님들의 체험을 바탕으로 정리해 놓은 것이기 때문이다. 그래서 『좌선의(坐禪儀)』에는 몸 조절, 숨 조절, 마음 조절의 좌선 방법이 자세히 기록되어 있다.

결가(오른발을 왼쪽 넓적다리, 왼발을 오른쪽 넓적다리에 올려놓은 자세), 또는 반가(왼발을 오른쪽 넓적다리 위에 올려놓은 자세)를 하고 앉아 허리와 등을 바로 세우고, 귀와 어깨, 코끝과 배꼽을 수직으로 하며, 혓바닥 끝을 약간 위로 쳐든 듯하여 힘을 빼고 자연스럽게 해서 오른 손바닥은 왼쪽 발 위에, 그 위에 왼쪽 손을 올려놓아 양쪽 엄지손가락을 맞춘다. 눈은 뜨지도 감지도 않은 상태로 반쯤 뜨고 1미터 앞에 시선을 둔 채 앉아 있으면, 마치 오체를 중심 잡아 세워 놓은 것 같아 건강에도 좋고 안정되어 보기 좋은 자세가 된다. 거기에다 단전에 기를 집중시켜서 들어가고 나가는 호흡을 조절한다. 이렇게 해서 망상, 집착을 떨쳐버리고, 근원적 무의식 상태에 들어갔을 때, 그곳이 천지와 자신이 하나가 된 곳이며, 그 사이에 공안을 녹여 넣으면 삼매가 된다. 이와 같이 바른 좌선 방법으로 수행에 몰두하면, 소위 말해서 신심 탈락의 경계가 되고, 홀연히 깨침을 얻어, 정법(正法)의 진리를 알게 된다고 가르치고 있다.

지금 좌선중

참선 시간. 입승이 향 그릇에 새로운 향을 피우고, 조용하면서도 힘있게 죽비를 세 번 친다. 그러면 당내는 곧 좌선 삼매인 정적 세계에 빠져들게 된다. 이렇게 되면 화장실 가는 것조차 허락되지 않으며 기침소리 하나 없는 정적이 감돈다. 열려진 창문 사이로 들어오는 솔바람에 향의 열기만 가늘게 움직일 뿐, 향이 다 타서 꺼지기까지 40분. 이것을 "일주"라고 한다. 일주를 단위로 해서 당내 공기를 순환시키고 굳어진 몸을 풀기 위해서 포행이라는 걸음걸이를 한다. 이런 식으로 몇 번이나 향을 계속 반복하여 피우며 좌선을 한다. 선당을 찾는 이들은 제각기 다른 동기나 목적으로 좌선을 하러 온다. 대상은 학생이나 부인들까지도 포함된다. 이들은 보통 다른 종파의 타력 신심이라든가 그리스도를 믿는 신앙에도 만족하지 못하고 구도심에 불타 선의 깨침인 도를 구해서 몰려오는 사람들이다. 그들은 좌선을 체험한 후 삶의 참 맛을 느끼게 된다. 거사, 보살이라고 칭하는 이러한 사람들의 참선 태도는 참으로 진지하고도 진지하다.

경책(警策 : 죽비)

고요함에 휩싸이면 입승이나 고참이 죽비를 들고 당내를 돈다. 몸뚱이가 평안하고, 안주함에 의해서 몰려오는 심한 졸음! 그때 어디선가 세찬 죽비 소리가 들려온다. 순간 당내를 뒤흔드는 것과 같은 짜릿한 기분. 죽비는 단단한 참나무로 넓적하게 깎아 길이가 127cm나 되는 "훈계의 방망이"다. 문수보살을 대신해서 좇아와 엄습하는 졸음을 후들겨 물리쳐 주는, 참으로 자비의 책려이다. 죽비를 행할 때에는 전후로 해서 서로 정중하게 머리를 숙여 합장하며 예를 표하고, 조금도 사정이 없다. 때리는 사람이나 맞는 사람 모두 오직 수행에만 전념하는 살아 있는 참 생명이 줄기차게 흘러 끊임없이 약동하는 세계이다. 죽비는 결코 사바에서 흔히 볼 수 있는 무정견(無定見)과 같은 "힘의 방망이"하고는 종류가 다르다. 평소의 감정을 푼다든가, 죽비에 맞았다고 해서 화를 내서도 안 된다. 좌선하는 자세가 비뚤어진 것을 바르게 하기 위한 의미도 있고, 공부에 몰두하느라 근육이 굳고 신경이 긴장된 그 불쾌감으로부터 벗어나기 위하여 받는 것이기 때문이다. 그러므로 죽비에는 잠이 오고 안 오고는 관계없다. 그 맞는 수도 여름에는 두 번, 겨울에는 네 번씩 해서 왼쪽 어깨가 끝나면 오른쪽 어깨로 옮겨진다. 이와 같이 도량 법도의 상징은 그대로 이어지고 있다.

환종(입실을 알리는 종소리)

임제 좌선은 단순한 정좌만을 의미하지는 않는다. 공안의 공부가 있고, 깨침이 있다. 그래서 "좌선은 안락의 법문"으로서 끝나지 않는다. 큰 의심 덩어리와 큰 분노, 그리고 깊고 큰 신심을 필요로 한다.

먼저 갈피를 잡을 수 없는 척수 음성(한 손을 들어 허공을 치니 그 소리나는 곳을 잡아오너라) 때문에 먹는 것도 잊고, 잠자는 것도 잊고, 살아 있는 것인지 죽어 있는 것인지조차 분간할 수 없는 상태에까지 이르러 용씨름을 한다.

여기에 아침과 밤 두 번에 걸쳐서 환종(喚鐘 : 대접심 때는 네 번)이 울리고, 그 소리에 맞추어서 황급히 노사의 방으로 들어간다. 신참은 신참답게 자기가 체험한 모든 것을 통해서 겨우 머리를 짜내어 감별(鑑別)을 받게 된다. 감별을 받지 않으면 좌선의 결실을 이룰 수 없다. 환종을 두 번 치고 노사의 방으로 들어가는 걸음걸이는 정말로 토끼가 호랑이 굴에 들어가는 느낌이다. 예부터 오늘에 이르기까지, 이 참선 견처를 드러내기 위해서 얼마나 많은 수행자가 목숨을 걸고 줄기찬 수행을 거듭해 왔는가! 크게 죽어 생명의 근본마저 끊어 버린다고 하여 뼈에 사무치도록 괴로운 수행, 목숨을 두려워하지 않고 혹독한 수행을 게을리하지 않았다.

입실

　임제의 운수에게는 입실(入室 : 조실스님 방에 들어감)을 하지 않고는 수행을 한다고 할 수 없다. 한번 입실할 때마다 환종을 두 번 친다. 조실방에 들어가서 노사의 1미터 앞에서 삼배를 올리고 나면 사회적 예의는 일체 하지 않는다. 이 밀실에서 이루어지는 이야기는 아무도 모른다. 견해를 있는 모습 그대로 표현하기 위해서 때로는 스승을 향하여 손바닥을 치기도 하고 발을 걷어차는 수도 있다. 한편 햇병아리를 무릎 앞에 놓고 사자왕과 같이 위엄 있게 앉아 있는 노사는 오직 해답만을 요구한다. 바른 해답의 경우에는 수긍하고 인정하나, 그저 천박한 짓이나 사견에 떨어졌을 경우에는 쩌렁쩌렁하고 부정의 요령을 울릴 뿐이다. 그러면 모든 말과 행동은 멈추고, 곧 합장 예배하고 물러나지 않으면 안 된다. 편견에 빠져 있을 때에는 몹시 엄하게 방망이로 흠씬 맞기도 하고 커다란 꾸짖음을 받고 쫓겨나올 뿐, 결코 이 장소에서는 상냥하게 가르쳐준다든가 인도해서 이끌어준다는 것은 상상할 수 없다. 참으로 법의 싸움터라 할 수 있다. 즉 공안을 계기로 해서 죽음에서 다시 살아남을 수 있느냐 없느냐의 참된 칼 쓰는 법의 장소이다. 화내고 소리 지르며 마구 때리고 집어던지는 사가(師家)의 이러한 방법은 참으로 살아 있는 정신 세계로 이끌기 위함이다. 그리고 깊고 넓은 자비심이다. 거기에서 다시 큰 분노를 일으켜서 맹렬히 공부하는 것이다.

불심행

　입승이 고함치며 욕하는 소리, 문짝 쓰러지는 소리. 더할 나위 없이 고요한 산사의 선당 내에서 갑자기 이 무슨 난리인가! 독참을 막 끝내고 돌아오는 길에 기다리고 있던 입승이 다짜고짜 "다시 한번 참선하라"고 하면서 세차게 몰아세운다. 노사에게 화끈하게 얻어터지고 겨우겨우 알 듯 말 듯한 해답을 움켜쥐며 공안에 심취되어 조실방에서 물러 나오는 참이었다. 노사에게 혼나고 걷어차이면 이번에는 입승이나 고참들에게 끌려가고 불려가 가는 곳마다 진퇴양난이다. 의자나 기둥에 착 달라붙어 버티어 보지만 세게 후려치고 발로 차면서 잡아당기는 바람에 옷은 갈기갈기 찢겨지고, 결국은 끌려나오고 만다.

　어떻게 보면 잔혹하고 야만스러운 이런 대접심이 정중히 안내를 받는 것이라고 할 수 있다. 신참들이 무엇보다도 두려워하고 허둥대는 게 먼 옛날부터의 전통이다. 짙은 안개 속에 파묻혀 동서남북도 구별 못하고 있는 수행 미숙의 신참들에게 발군하여 용맹심을 일으켜 활로를 찾아내도록 하는 그야말로 친절하고 간절하여 순수한 마음에서 우러나오는 것 이외에는 그 아무 것도 아니다. 여기에서 또 한번 큰 분노를 일으켜 정진하고 또 정진하지 않으면 깨침이란 있을 수 없다. 이렇게 대도의 세계에 빨리 도달할 수 있도록 배려해 주는 스님들의 친절한 불심행(佛心行)이 있음에 그저 가슴 뭉클할 뿐이다.

경 행

좌선의 시간이 흘러서, 삼사십 분이 지나면 향이 다 타고 포행이라고 해서 십분 정도 숨 돌리는 시간이 있다. 화장실에 가는 것도 이때이지만, 태연하게 조각과 같이 앉아 있는 무리들은 사십 분 정도로서는 작은 움직임도 없이 정적 부동의 모습으로 활발한 용맹심이 더더욱 넘쳐흐른다. 이와 같은 좌선이 두 시간 이상 지나면 처음으로 포행의 걷기 운동에 들어가 체력 조절을 하고 기분을 새롭게 한다. 입승이 경행(徑行 : 걷기 운동)을 의미하는 죽비를 두 번 치면, 단정히 앉아 있던 대중은 일제히 자리에서 일어나 단(單)으로부터 내려와 장삼 밑자락이 거추장스럽지 않도록 높이 허리춤에 추켜 올리고, 손은 가슴 앞에 착 붙이고 일렬로 단 옆에 붙어서 조용히 걷는다. 때로는 빨리 걷는 걸음이라고 할 정도로 선당의 둘레를 황급히 돈다. 이 경행 덕택에 오랜 시간 꼬고 앉았던 발의 통증이 부드러워지고, 졸음에서 벗어나 마음이 상쾌해지며 생기가 솟는다. 그러나 움직임 가운데의 공부라고 해서, 경행 때도 좌선 중의 삼매를 계속 존속시켜 공안을 절대로 놓쳐서는 안 된다. 죽비 소리가 한 번 들리면 경행은 끝난다.

법고 소리

  2일, 5일, 7일, 10일 중 그 날 아침 8시경이 되면 꼭 법당에서 "둥둥둥"하며 법고 소리가 들려오기 마련이다. 대중은 그 소리에 맞춰서 가사를 걸치고 강의 책을 챙겨서 법당으로 모여든다. 마을에서는 거사나 보살들도 법문을 들으러 몰려온다.

  옛날부터 "법뢰(法雷)"라고도 불리는 태고의 재미있는 이 이야기가 『벽암집』에 나온다. 어느 날 화산 스님이 "들어서 아는 학문은 아무 쓸모가 없다. 학문을 잘 써먹을 수 있을 때 한 사람으로서 인정하나, 철저히 크게 깨달은 절대 경지에 이르기 위해서는 이것도 졸업하지 않으면 안 된다"라고 말씀하셨다. 그러자 한 스님이 "철저히 크게 깨달음에 대해서 좀 자세히 말씀해 주십시오" 하고 말하니까 "머! 태고(太鼓) 두드리는 연습이나 하거라. 그러다 보면 무엇인가 알아지는 게 있을 것이다" 하고 말씀하셨다. 그로부터 무엇을 묻거나 질문하면 "태고를 두드려라" 하는 한 마디뿐이었다. 그건 그렇다 하고 크게 깨달음이 무엇인가? 선이냐, 신심이냐 하고 괴로운 처지에 빠져 있을 때 그 상황에서 살아남기 위해서는 어느 것을 참으로 노력해야 할 것인가? 두번 다시 이 괴로운 사바세계에 떨어지지 않게 하는 참다운 가르침인가? 만일 행운을 만나게 된다면 세상에서는 비할 데 없는 이 태고의 소리를 신참은 어느 때 알 수 있을 것인가. 답답하고 답답하다.

제창(노사가 종문의 글을 강의하는 것)

　말로써 표현할 수 없는 옛 스님의 경지, 즉 불도의 깨달음은 마음에서 마음으로 전해지는 것이니 문자나 말로 전해지는 것이 아니라는 것을 내세우는 선문을 어떻게 해서든지 사람들에게 이해시켜 주기 위해서 힘쓰다 보니 어느 곳보다도 많은 책을 내놓게 되었다. 『벽암집』・『종용록』・『문무관』・『임제록』 등을 비롯하여 이밖에도 손으로 꼽을 수 없을 정도의 강의라든가, 옛 스님들의 고덕(古德)・어록・일화 등을 노사로부터 들어서 구도의 마음가짐에 한 부분의 도움을 얻는다.

　노사는 지객의 안내를 받으며 입당하고, 독경이 시작되면 조사단에 삼배를 하고 강의대에 오른다. 시자가 가지고 온 차로 목을 축이고는 강의의 원본을 읽는다. 이어서 구도자들이 반야의 혜안을 뜨게 하기 위해서 자비심으로 약 한 시간 열의에 찬 강의를 한다. 그러나 이것은 난해한 문장에 대해 비평하고 주석을 단 것이 아니고, 옛 스님의 깨침이란 체득 이외에는 그 아무 것도 아니라는 것을 대중의 마음속에 절실히 심어 주기 위한 간절한 노력임에도 불구하고, 혜안이 열리지 못한 신참들에게는 조금도 이해가 되지 않는다. 무엇보다도 말로써 표현되지 않는 진리를 말로써 표현하려고 하는 『조사록』은 하나의 모순이고 역설같이 보이나, "있고 없는 것에 집착하거나 허무감에 빠지는 회의"의 생각으로부터 벗어나서 진리를 추구해 보지 않고는 알 수 없다.

공 부

　공부(이런 저런 생각)는 생각해서 추구하는 분별심을 버리고 화두 일념으로 수행에 전념하는 것이다. 그 마음은 실행하려고 하는 근성이 제일로서, 운명이나 근성 등과 같이 본래 타고난 운명이나 능력은 관계없는 세계라고 들려준다.
　입문해서 '척수음성(隻手音聲)'은 아직 해결하지 못하고 구름 속을 헤매고 있는 신참들이 접심중에는 어떻게 하든지 '척수'를 철저히 보지 않으면 안 되겠다는 기분으로 길을 걸어도 척수, 화장실에 쭈그리고 앉아 있어도 척수, 빗자루를 만들면서도 척수하면서 단전에 기를 가득 넣고 "움직임 가운데의 공부"를 쉬지 않고 한다. 노력과 수행의 내용에 따라서 틀림없이 그 결실이 돌아오게 마련이다.
　보통 선당에서는 오로지 한 가지 생각으로 공부 삼매에만 몰두하기 위하여 책 같은 것은 전혀 보지 않는 것으로 정해져 있다. 하지만 때로는 공안의 해답이 풀어지면 자기 생각을 곁들인 글을 짓기 위해서 선에 관한 장구(章句)라든가 『선림구집』, 『세화집』, 즉 도가·시 등과 같은 고서에서 뽑아 모아 놓은 책 정도는 찾아볼 수 있다.
　어쨌든 공안, 그것 하나에만 몰입해서 모두가 그것으로 한 덩어리가 되게 하는 것이 공부이다.

한밤중의 좌선

　공안의 의심 덩어리를 하나로 집중시켜서 모든 인간이 태어나면서부터 가지고 나온 심성을 근본적으로 철저하게 타파해서 심성이 곧 불(佛)·불성(佛性)이라고 하는 선의 수행법에 낮과 밤의 구별이 있을 리가 없다.
　맹렬한 구도심에 불타는 젊은 수행자들은 그날의 좌선 수행이 끝난 후 불을 끈 뒤에도 살그머니 선당의 이불에서 빠져나와 제각기 법당의 뜰 마루라든가 석탑 사이, 나무 밑이나 바위 위에 방석만 깔고 혼자서 좌선을 계속한다. 겨울에는 얼음과 눈, 찬바람이 고통스럽고, 여름에는 숲 속으로부터 맹렬히 공격해 들어오는 모기에 시달린다. 때로는 야밤에 데이트하는 남녀들에 젊은 운수의 마음이 흔들리기도 한다. 어느 때는 야참을 부르는 나팔소리가 허기진 뱃속 밑으로부터 "꾸르륵꾸르륵" 울려퍼진다. 그러나 몰려오는 졸음을 쫓기 위해서 허벅지를 송곳으로 찔러가며 공부했다는 송나라의 자명선사와 같은 옛 스님의 노력을 본받아서, 모든 망상을 물리쳐 가며 자기의 진면목을 파악하기 위하여 몰두하는 사이에 어느덧 밤을 지새우게 되고 앉은 채로 밝아오는 아침을 맞이하는 때도 종종 있다.

전원 참선

　전원 참선을 알리는 종소리. 때로는 그 소리가 비정하게 들릴 때도 있다. 전원 참선의 경우에는 한 사람 한 사람 입실하는 게 아니라, 규칙에 따라 대중 전부가 한 사람도 빠짐없이 지객이 치는 종소리에 순서대로 조실방으로 향하지 않으면 안 된다.
　독참을 할 때는, 매번 심하게 얻어맞고 망신만 당하며 쫓겨 나오므로 입실이 두려워진다. 잠깐의 틈도 없이 이번에는 입승이 다그쳐도 도망갈 곳이 없다. 상황이 이렇다 보니 어쩔 수 없이 답을 궁리해서 대처할 수 있는 데까지 방법을 미리 준비하게 된다. 그러나 전원 참선 때에는 독참 때와 달리 혼자 당할 뿐 궁리와 꾀는 통하지 않는다. 이 접심중에는 빠짐없이 두세 번의 전원 참선이 돌아오기 마련이고, 그때마다 마음은 달아날 곳 없이 초조하고 불안하기 짝이 없다. 이렇게 되면 좋건 싫건 겹쳐가며 전원 참선에 임하지 않으면 안 된다. 궁지에 몰려 살아날 길이 없게 된 막다른 처지에 이르러야 처음으로 번뜩이는 빛과 같은 진리의 철견(徹見)을 얻을 수 있다. 견성을 얻을 수 있는 기회가 돌아오지만, 때로는 접심자를 부르는 종소리에 쫓기는 괴로운 심정이 좌선이나 쏟아지는 졸음의 육체적 고통과 더불어 더욱더 격별(格別)하다.

하나씩 검열하다

　옛날에는 안거 수행의 마지막날에 주지가 아침 공양 뒤에 절 안의 각 방을 돌아다니면서 조사하는 것을 순료(巡寮)라고 했다.
　대접심 일주일간의 첫날과 마지막날의 전원 참선 때는 노사는 대중 한 사람도 빠짐없이 공안 공부가 어느 정도 되었나 그 형편을 점검한 다음, 계속하여 선당으로 들어와 점검한다. 그때 단상(單上)의 여러 모양, 좌선의 입념 상태를 하나씩 하나씩 검열하며 돈다.
　공부의 목적을 생사의 양극에 두고 용맹하게 정진하여 크게 깨달음을 얻은 스님, 뼈에 사무칠 정도로 괴롭게 수행하는 스님, 목숨을 다 바쳐 노력을 거듭하는 데도 불구하고 깨달음 하나 없고 이해 못해 고심하는 스님 등 사람마다 성과가 제각기 다르다. 그러나 모두가 핼쑥한 얼굴에 머리카락은 부수수하고 푹 들어간 눈이 고심하며 격렬히 정진한 뒷이야기를 말해 주고 있다. 마치 싸움터를 뛰어다니다 날아오는 화살에 맞은 사람의 몸뚱이 같다. 노사는 대중의 그러한 면모와 공부한 흔적을 꿰뚫어 모든 것을 다 봐서 알고 있는 것같이 예리한 눈빛으로 상대방을 점검하지만 그 모습은 온화하다. 그래서 천천히 발을 옮기며 당내를 한 바퀴 도는 고상한 멋 역시 노사의 품격에 빨려 들어가게 된다.

연수당

　잠이 부족한 운수들에게 계란을 풀어 넣고 쑨 죽을 주어 생기가 돌아오게 하여 건강을 유지시킨다. 전통 있는 많은 노사들이 놀랄 정도로 장수를 누리는 불가사의한 점은 어떻게 해석할 것인가. 이것이야말로 바른 좌선과 규칙적인 수행 생활의 공덕이라고 말하지 않으면 안 된다.『좌선의』에도 "자연히 몸이 가볍고 편안하게 되어, 정신도 상쾌하고 맑아서 둔박하지 않다"라고 가르친다. 부차적인 좌선의 부산물, 즉 생리적 효과도 결코 가볍게 넘겨서는 안 된다.

　몸과 마음의 긴장이 풀어졌을 때 병마가 침범한다. 만약 병이 들어 좌선을 계속할 수 없게 되면, 단에서 내려와 연수당(간호실)으로 옮겨져 시자의 도움을 받게 된다. 하지만 비록 아플지라도 여기에서도 충실히 지키지 않으면 안 되는 엄격함이 있다. 따라서 병중이라고 하여 정념 공부를 포기해서는 안 된다.

　큰 병에 걸린 마조가 병문안을 하러 온 원주에게 말했다. "사람의 수명이라는 것은 월면불(月面佛 : 한 달을 기준으로 없어졌다 다시 나타나고 없어졌다 다시 나타나는, 즉 생명의 윤회 모양)의 하루낮과 밤밖에 안 되는 것이 있는가 하면, 일면불(一面佛 : 항상 변함없이 떠오르는 태양, 즉 불변의 생명)의 천팔백 세가 되는 것도 있다. 어느 쪽이든 좋지 않느냐?"하고 말했다. 인간에게 참으로 무서운 병은 고뇌다. 이 고뇌의 중병을 충분히 추구해서 본질을 풀지 않으면 안 된다.

음사행(남몰래 쌓는 공덕)

세숫대야에 담가 놓은 속옷들이 어느 새 깨끗이 빨려 빨랫줄에 널려 있는가 하면, 나무 신발 끈이 새것으로 바뀌어 있고, 한밤중 모두가 잠든 사이 화장실이 말끔히 청소되어 있기도 하다. 총림은 바로 이와 같은 곳이다. 참선 입실이라든가, 엄격한 규율 속에서 일상 생활을 하는 것만이 운수의 수행은 아니다. 『좌선의』를 보면 "자기만의 해탈은 참된 좌선이 아니다. 자기와 마찬가지로 다른 사람도 이로움이 있어야 수행도 원만하게 성취되느니라"라고 말한다. 자기의 해탈도 될까말까 하는 판에 이것이야말로 어지간한 큰 결심이 아니고는 힘들다. 음덕은 이렇게 귀하고 중요한 의미를 지니고 있으므로 행하는 것도 그만큼 어렵다.

승가는 상호부조, 상호봉사의 정신이 넘치는 단체이다. 그러므로 운수는 다른 사람들에게 불쾌감을 주거나 상을 찌푸리게 하는 행위를 해서는 안 된다. 뿐만 아니라 모두의 행복을 위해서 힘쓰지 않으면 안 된다. 그러므로 사람들이 알지 못하게 표시 없이 좋은 일을 하지 않으면 음덕이라고 말할 수 없다. 다른 사람을 위한다고 해서 대가를 기대한다든가, 거꾸로 자기의 덕을 쌓게 한다고 하여 고마위하거나 겸허한 생각도 갖지 않는다. 이러한 것은 참다운 봉사가 될 수 없다. 그저 담담히 선을 위해서 선을 행하고, 행하고 난 다음에는 자기행(自己行)을 잊어버리는 "무공덕(無功德)"을 실행하는 것이 선의 수양이기 때문이다.

견성 (난문 타개)

무심(無心)과는 거리가 멀고 잡념만 뭉게구름 피어나듯 솟아난다. 옛 스님의 커다란 깨달음이나, 본래 타고난 불성의 깨달음 같은 것이 정말로 있는가, 하는 생각에 사로잡혀 동안거 음력 12월 8일도 번민하며 초조하게 지냈다. 얼마 안 되면 동안거가 끝나는 마지막 대용맹정진, 별마저 꽁꽁 얼어붙은 추운 하늘 아래 앉아 있노라면 몸뚱이는 얼어붙어 감각은 없어지고 호흡마저 잊혀져간다. 이때 "또르륵" 낙엽 떨어지는 소리에 퍼뜩 정신이 돌아오는 순간 "앗! 이것이다" 하고 깨달아 확 트이는 심경. 다음날 아침 독참에 들어가서 무엇인가 표현하려 하나 되지 않아 초조해 하고 있다가 갑자기 튀어나온 말 "천지 인간, 모든 것이 한 손뿐이다" 하자 처음으로 스승이 수긍하였다. 하늘을 등치며 솟아오를 듯한 기분으로 펄쩍펄쩍 뛰어 발이 어디를 딛고 있는지 모른다. 정말로 초보 단계의 경치, 그림으로 이룰 수 없다. 이 커다란 기쁨은 그 어떤 수단으로도 전할 수 없다. 한쪽 손바닥이 부딪치는 소리라든가 잡다한 법칙도 멋지게 투과되고 드디어 염원의 "척수"를 정복한 것이다.

그러나 모양 좋게 처음 관문을 통과했지만 겨우 자성의 한 모퉁이를 훑어보았을 뿐이다. 기관, 법신, 언전, 난투, 오위십중금(천칠백 공안 중의 하나)과 같은 천칠백의 깨달음을 열어주기 위한 선의 문제는 장년의 공부를 요구하여 수행의 과정은 아득히 멀고도 멀다. 수행의 최상의 묘미는 '척수'를 투과하고서부터라고 들었다. 노사의 질타와 격려는 향상하고자 뻗어나가는 데 또 한번 세차게 몰아친다.

세시기

제 책

　벚꽃이 모두 질 때쯤, 감개가 무량한 가운데 4월 8일 관불회를 맞이했다. 지방의 절에서는 부처님의 탄생을 축하하는 화어당(花御堂)이 장식되고, 달콤한 차를 끓여 먹으면서 옛 생각에 잠겨 보는 행사가 지금도 남아 있다. 하지만 총림에서는 이 날을 제책(除策: 경책이 없는 날)이라 하여 기다린다. 제책은 총림 생활에 있어서 엄한 규칙의 상징인 경책이 당내에서 사라지는 특별 휴일이다. 달마대사와 백장, 부처님의 열반일, 탄신일, 성도일이나 정월·우란분절 등 축일은 곧 제책일이 된다. 긴장의 연속으로 인한 속박과 참선 공부로부터 해방되어 조금은 봄바람을 만끽할 수 있는 이날, 아무리 운수라 해도 그 무엇과도 바꿀 수 없는 귀중한 날이다.
　접심중에 운동 부족으로 인해 몸뚱이가 근질근질한 젊은이들은 씨름대회를 열어 젊음을 발산하며 활력을 찾는다. "옛날의 선은 칼이나 씨름·바둑·장기 등으로 승부의 세계에 들어가 지극한 묘미에 통할 수 있도록 하였다"고 하는 것과 같이, 무심의 가운데서 묘기를 보이는 운수들의 씨름은 꽤 볼만한 구경거리이다.

가단(응원)

봄이나 가을의 좋은 절기에 각지의 본산이나 총림에서 몇십 년만에 갖는 종조의 추모 대법회가 있을 경우 그 즈음에 대접심회가 획기적인 행사로 열린다. 그러한 행사에 초대를 받고 모두 기쁜 마음으로 응원(應援)에 가담하게 된다. 멀고먼 여행 끝에 도착하면 우선 목욕부터 한다. 그 다음 다른 곳의 운수들과 함께 전체 다도에 참석해 행사 중의 순서라든가 자신의 배역을 받고 대접을 받는다. 다음 날부터 공양주, 채공(공양주의 보조), 그릇 관리, 식사 공급, 접대, 불당 관리, 수계단 총괄, 설법사, 잡무 등 모든 역할을 정하고, 지시에 따라 기간 중 전국에서 모여드는 단신도(檀信徒)들의 식사・숙박・법요・수계 등 여러 행사를 안내한다. 이것이 또한 종문의 풍습을 드날리는 계기가 되는 뜻깊은 용맹정진이라면 일생에 한번밖에 없는 절호의 기회로 생각하고 결심을 단단히 하여 정진에 임하게 된다. 때에 따라서는 강의를 청강하는 수도 있다.

대회는 여러 날에 걸쳐 성대하게 원만성취하고, 각 절의 대중은 따뜻한 배려와 배웅을 받으며 흩어진다. 운수에게 있어서 이와 같이 평소에는 좀처럼 경험할 수 없는 큰 행사에 수행중 참가하는 것은 특별한 기념이 되어 삶을 통해서 점점이 남게 되는 추억이 된다.

대중 공양

총림 생활은 애로 사항이 많다. 하지만 어려움이 많기 때문에 다른 데서 맛볼 수 없는 감상이 있고 즐거움이 있다. 대중 공양을 받는 것도 그 중의 하나이다. 신심이 깊은 신도들이 구도자들에게 바치는 음식으로 불기(佛忌)·대접심·축일 등에 공양을 받게 된다. 식당에는 대중 공양 시주자의 이름을 크게 쓴 종이를 건다.

대중 공양의 종류에는 여러 가지가 있다. "첨죽"은 흰쌀밥에 우엉조림·야채 등이 나오고, "종일향응"은 아침부터 밤까지 팥찹쌀밥에 참깨무침 등이 접시 가득히 푸짐하게 나온다. 때로는 "국수 공양"의 경우도 있지만, 대체로 총림의 독특한 정진 요리 등으로 특별 공양을 받는다. 평상시 검소한 식생활을 하는 수행자의 입장에서 보면 특별히 맛있고 좋은 음식이 아닐 수 없다. 이러한 음식은 맛도 특별하지만, 거기에 덧붙여 친절한 신심과 정성이 깃들어 있어 대중 공양은 최상의 맛을 자아내게 한다. 그러나 호사스러운 생활에 젖어드는 것을 또한 경계하지 않으면 안 된다. 언제나 조심조심하며 최저 생활에 선을 그어 놓고 살아가는 총림, "하나의 물건도 없는 가운데 무진장" 탐착하고 즐기는 여유가 있다.

장삼을 갈아입다

6월 1일은 장삼을 갈아입는 날이다. 무명 장삼에서 모기장과 같은 마장삼으로 갈아입는다. 바뀌어 가는 사람들의 옷, 변하는 건 옷뿐인가! 시골에서는 뱀이 허물을 벗는 날이 있다고 하던데! 옷을 갈아입는 순간은 몸도 마음도 상쾌해지는 것 같다. 그렇긴 하지만 11월 1일, 또다시 겨울옷으로 갈아입을 때까지 찌는 듯한 더위에도 저고리와 속옷, 면으로 된 옷, 마장삼은 변함이 없다. 이를 테면 엄동 설한이나 찌는 듯한 더위에도 여름과 겨울의 저고리와 속옷, 겹옷, 목면 옷의 위엄이 있는 차림새는 정해져 있어 변하지 않는다. 벗지도 않고 더 껴입지도 않아 더울 때는 구슬 같은 땀방울이 뚝뚝 떨어지고, 추울 때는 살갗이 터지고 얼어서 시리고 추운 부위를 비벼가며 몸과 마음을 단련한다. 모든 속박으로부터 벗어나 막힘이나 거침이 없는 세계에 통달하고자 부족한 시간이나 남는 시간을 가리지 않고 자유자재한 인간성 체득을 위하여 정진한다.

『벽암집』의 법화(法話)는 이러한 것에 대한 이야기이다. 어떤 스님이 동산스님에게 물었다. "춥거나 더울 때에는 어떻게 해서 피합니까?" "춥거나 더움이 없는 곳으로 가면 되느니라." 다시 물었다. "어떠한 곳이 춥고 더움이 없는 곳입니까?" "추울 때에는 힘껏 추운 곳에서 입을 악물고, 더울 때에는 쨍쨍 내리쬐는 햇볕 속에서 몸뚱이를 바래는 것이지." 이러한 경지야말로 추위와 더위가 없는 곳이라 할 수 있을 것이다.

입제 중간

　6월 15일부터 일주일간의 대접심은 하안거 중간에 행하기 때문에 "입제 중간(하안거 반결제의 대접심)" 또는 "반제대접심"이라고 한다. 좌선을 할 때에도 땀이 나고 졸음이 몰려오는 데다 모기떼마저 맹렬히 공격해 오기 때문에 그냥 앉아 있기조차 힘들다. 거기에 장마철의 습하고 후덥지근한 날씨에 탁발을 다녀야 하며 탁발할 때 젖은 비옷은 말릴 틈이 없다. 그 가운데에서도 오후 2시의 간식 시간 정도가 답답함 속에서도 숨통을 트이게 한다.

　좌선에 서툰 사람이 뜻대로 정신 집중을 하지 못하고 부슬부슬 내리는 빗소리에 마음을 빼앗겨 초연한 생각이 드는 것은 아직 수행이 미숙하여 서글픈 빗소리가 망상을 불러일으키기 때문이다.

　『우적성(雨滴聲)』이라는 문집이 있는 것만 보아도 옛 스님들도 처량하게 떨어지는 처마 밑 낙숫물 소리에 그냥 입을 다물고만 있지는 않았던 것 같다. 빗물 떨어지는 소리를 들으면서 "문 밖의 이것은 무슨 소리인고?" 스님이 물으니, 종청 스님이 "빗물 떨어지는 소리입니다"한다. "이놈의 중아! 우주 현상의 껍데기밖에 보지 못한데서야 어떻게 진리를 말할 수 있을꼬." 이것은 결코 빗소리만을 의미하는 것은 아니리라. 장대처럼 쏟아지는 남산 북산에 가면 도대체 어떻게 될 것인가?

여름의 끝

초복에서 말복까지의 붉게 타는 태양 아래 화장실의 오물 푸기, 나뭇가지 치기 등 큰일이 매일같이 계속된다. 밤이면 밤대로 땀에 몸을 절여 가며 정진에 몰두하는 해제대용맹정진이다. "평석"이라고 하는 간부들이 이번 제기간의 반성, 돌아오는 제기간의 책임자를 뽑는 인사 이동 등에 대해서도 중역 회의를 열어 이때에도 다도가 있고 뭇사람의 대중 공양을 받는 것도 여름의 끝에 기억되는 행사이다.

이렇게 하안거도 끝나 가고는 있으나, 대접심이나 큰일 등 큰 행사에 몰두하고 난 다음, 수행중의 즐거움의 하나인 "국수 공양"이야말로 운수에게는 무엇이라 표현할 수 없는 즐거움이다. 운수는 대개 국수를 좋아하는데, 놀랄 정도로 많이 먹는다. 먹는 방법도 가지가지이다. 다시마로 우려낸 국물을 각자의 발우에 받아서 강판에 간 생무·잘게 썬 파·생강·채소·참깨·김 등의 향기를 더한 양념에 큰 통에서 교묘하게 국수를 잔뜩 집어서 발우에 넣고, "후루룩후루룩" 큰소리를 내며 경쟁하듯 먹는 모양은 참으로 가관이다. 국수를 먹을 때 내는 "후루룩" 소리에 한해서만 엄숙하기 짝이 없는 삼묵당에서도 "천하가 모두 용서하십시오" 하고는 유쾌하고 게걸스럽게 먹는다.

전출 잔류

말하자면 운수의 근무 평정을 말한다. 여름과 겨울 90일간의 안거가 끝나는 2,3일 전이 되면, 대중은 방선(참선을 마침) 후에 한 사람도 남지 않고 평석이라고 하는 책임자들의 앞에 불려가서 떠날 것인가, 머무를 것인가를 듣는다. 거기에는 이번 안거중의 행상이나 수행 태도가 적당하면 별도의 이유가 없지만, 사소한 위반이라도 있는 자는, 그 불미스러운 행위에 대해서 실로 매우 엄하다고 할 정도로 주의나 경책을 듣는다.

옛날 승가 때부터 전해 오는 서로의 잘못을 참회하는 제도이며 백장스님의 총림 이후부터 실시되어 온 자기 비판이다. 총림에서는 여름 끝의 해제일이 되면 한사람 한사람씩 대중 앞에서 자기가 결제 기간에 법(法)답지 못했던 점에 대해서 고백하고 참회하여야 한다. 자기 비판이 되지 않는 자는 다른 사람을 통해서 자기의 결점을 비판받지 않으면 안되게 되어 있다.

책임자들이 입을 하마같이 하여 퍼붓는 욕설은, 정파리(탁함이 없는 맑은 거울)의 거울 속에 더럽혀진 자기 모습을 밝게 비춰 보이기 위한 것이기 때문에 부도덕한 행위에 대해서는 통렬히 반성을 하게 되지만, 자기도 모르는 사이에 저지른 무의식적인 행위의 실수에 대해서는 큰 충격을 받는다.

계절이 끝나고

　7월 15일, 종업식이라고 할까 종강의 날이다. 엄격한 규율도 격렬한 접심 수행도 어느덧 끝나 하안거도 이날을 기해서 해제를 맞이한다.
　종소리 세 번에 준비를 하고, 대종 18번 후 법고 출두를 한다. 「대비주」 5번을 외우고 강의가 끝나면 서로 인사를 나누고 축하 예가 시작된다.
　아침부터 알림 행사도 끝나고, 밤참선이 끝나면 해제전체다도에서 다음 결제 때의 인사 관계에 대해서 발표하는 것을 기다릴 뿐이다. 한여름의 태양이 겨우 기울어지기 시작한 참선 전의 짧은 순간, 당내 휴식처가 있는 뒤쪽 나무 밑으로부터 무엇인가 이제까지 보지 못했던 연기가 솟아오른다. "자연 속에서의 공양"이 벌어진 것이다. 운수 전통의 자유행, 즉 위의 책임자에게는 비밀로 흰쌀밥을 지어서 먹는 것이다. 해제의 해방감으로부터 맨 먼저의 탈선행이다. 내일부터는 낯익은 얼굴들도 바뀌고 그룹 다도의 명목을 붙여서 한솥밥을 쪼개 먹는다는 동지적 의미로 자기들끼리 몰래 밥을 지어서 나누어 먹는 밤이다. 대자연 속에서 먹는 꿀맛 같은 이 공양이야말로 그 어느 것과 비교할 수 없는 진미이다. 힘든 수행이 있으므로 해서 맛볼 수 있는 괴로움과 즐거움의 희비가 밝음과 어둠의 쌍이 되어 펼쳐지는 젊은이들의 싱그런 삶은 언제나 상큼하고 신선하다.

2박 3일의 외출

8월 2일, 신구 책임 교대가 끝나고 제각기 새로운 부서에 정착하면 기존에 있었던 사람들은 2박 3일의 위로 휴가를 받아서 나는 듯이 뛰쳐나간다. 반년 동안 수고한 대가의 휴식이다. 상주(常住 : 책임자)는 어느 요사든지 당내 대중과 같이 좌선 삼매에만 전념할 수 없다. 겨우 두 명뿐인 담당자로서 단체 생활을 원활하게 유지해야 하기 때문에 자기보다 먼저 도반을 위해서 힘쓰기 마련이다. 이렇게 부과된 자기의 역할에 대해서 살을 떼내고 뼈를 깎는 것 같은 헌신에는 진정으로 존경하지 않을 수 없다.

한번의 여름을 원만하게 보내고 무사히 끝마칠 수 있었다는 만족감과 해방감으로부터 고향의 자기 본사나 주변의 아는 사람들을 방문하든지, 그렇지 않으면 경치 좋은 곳을 여기저기 돌아다니며 도를 닦기 위해 나서기도 한다.

"향기로운 풀을 쫓아갔다가 떨어지는 꽃을 따라서 돌아온다." 장사스님의 시공을 초월하고 여유 있게 놀고 있는 마음의 참 모습, 반년 동안 친구들과 함께 공부에 몰입하여 왔지만 이제부터는 한가히 세월을 즐길 수 있는 운수가 되어 자연 속에 스며들어 가고 옴에 걸림 없이 유유자적하고 싶다.

불단 독경

　불단의 정령(精靈) 선반에 여름 과일과 채소를 올려놓고, 망령을 맞아들이기 위하여 양력 13일 저녁 문앞에서 삼줄기로 모닥불을 피우고, 16일에 조상의 영을 보내기 위해서 모닥불을 피우는 우란분회는 일본의 전국의 절에서 치르는 행사이다. 이때가 되면 신도의 집에서 스님들을 모셔다가 "불단 독경"이라고 해서 독경을 읽는다. 총림의 불단 독경은 13·14·15일, 잠시 휴가를 얻어 나간 대중을 빼놓고 남아 있는 대중이 마을의 불자집을 방문하여 이른 아침부터 돌아다닌다.
　부처님 당시 목련존자가 신통력으로 돌아가신 어머니를 찾아보니, 아귀도에 떨어져 먹지 못해 고통받는 모습을 발견하고 부처님에게 구출 방법을 물으니, "7월 15일 자자(自恣 : 하안거의 마지막 날에 스님들이 자기 잘못을 뉘우치고 고백하여 서로 훈계하는 일)의 날에 수행자에게 신선한 것으로 먹을 것을 공양하라" 하는 가르침을 받고, 이 공덕에 의해서 어머니는 물론, 아귀도에 떨어진 모든 중생들을 구제하였다고 한다. 어쩐지 마음 끌리는 우란분절 행사의 말이다. 이것은 돌아가신 분만이 아니라 살아 있는 사람들과 모든 생명이 있는 것들에까지 구제의 마음이 깃들어 있다. 현대인들이 추구하는 물질문명이 뒤바뀌어 정신적 고통을 더해 간다는 것은 "거꾸로 매달린 괴로움"이라고 해도 과언이 아닐 것이다. 구원은 베푸는 마음 이외에는 없다. 부드러운 눈빛으로 정성을 다하여 행하는 봉사 또는 "욕심 없는 7가지 보시"를 자기 자신의 마음속으로부터 발견하여 이끌어내는 것이 선의 길이라고 할 수 있다.

천도재 공덕

넓은 방장실 처마 밑에 물에 빠져 죽은 이들을 위해 재를 올리는 단을 만들고, 8월 1일부터 일주일간, 매일밤 공양을 올린다. 때때로 행하는 선사의 "대천도재" 법요와 비교하면 간단한 의식이긴 하나 장중하다. 푸른 대나무로 둘러싸인 영단에는 산과 바다에서 나는 온갖 산물로 잘 차린 제수와 바람에 펄럭이는 오색 깃발, 여기에 독경, 감로문(甘露門)의 염불은 모든 고혼들에게 베푸는 위령제이다.

천도재 공덕은 '살아 있는 자는 복락을 누리어 무병 장수하고, 죽은 자는 윤회의 고통에서 벗어나 극락 왕생하소서' 하는 의미이다. 이와 같은 인연을 일으키는 것은 부처님 당시 아난이 아귀도에 떨어질 운명에 놓여 있는 것을 부처님께서 "그로부터 벗어나려면 아귀에게 충분한 음식을 베풀어라" 하신 말씀으로부터 유래되었으며, 다라니를 외우며 공양 올리는 수행법과 함께 부처님으로부터 물려받았다고 한다. 하지만 아귀는 우리 가까이 존재하는 것 같다. 그에 나타나는 마음의 모양, 아무리 음식을 먹어도 만족할 줄 모르는 탐냄과 정신적으로 옹졸하고 덕을 쌓지 못하는 자를 가리키는 말이 될 수도 있기 때문이다. 이런 한심한 생각을 한 스스로를 반성한다. 작은 몸뚱이지만 정신을 풍부하게 하며, 품위 있고 여유 있는 생활을 영위할 수 있는 정신적 풍요를 길러주기 위해 하는 행사가 아귀에게 베푸는 재의 목적이다.

출장 탁발

춘분과 추분이 되면 총림에서는 많은 무리가 멀리까지 출장 탁발을 하러 나간다. 본산의 다른 절을 중심으로 일주일간, 여기저기 신도의 집을 뛰어다니며 독경을 하든지, 길게 한 줄을 지어서 마을을 걸어다니며 탁발할 때도 있다.

먼 곳까지의 탁발은, 한 도량의 노사가 선원에서 공부하는 스님이 증원되는 바람에 여의치 못한 생활을 원활하게 하기 위해서 시작하였다고 한다. 운수에게 있어서 먼 곳에서의 시주는 한층 매력이 넘친다. 그러나 목적이 경제적인 소득에 있지 않고 탁발 본래의 목적인 보시로 욕심을 버리고, 인욕과 아집을 버리며, 자기도 이롭고 다른 이도 이롭도록 실천 수행하기 위한 것이 첫번째임을 잊어서는 안 된다. 더구나 사람들을 열반의 언덕으로 건네주기 위한 피안임을 간과해서는 안 된다. 질서 정연히 위엄 있게 걸어가는 걸식 승려들의 행렬. "돈벌이가 되겠습니까?" 하는 먼 곳의 상인들과 서로 연결되는 보시이욕의 불연은 결코 적지 않다. 시주하는 사람도, 받는 사람도 그 순간은 마음이 하나로 뭉쳐지는, 이것이 먼 곳에서의 탁발의 꿀맛이다. 불경을 외는 신도의 집도 후하게 환대해서 점심은 진수 성찬이다. 참으로 고맙다. 그 위에 여러 가지 진기한 풍물 속에서 얻는 운수의 안목은 공안 공부에 없어서는 안 될 것들이다.

"먼 곳의 탁발이라는 것이 이런 것인가!" "호랑이가 오는가 하면 여우가 지나가네!"

휴 식

　일주일간의 출장 탁발에서 절로 돌아온 다음날은 휴식이 주어진다. 휴식하는 날은 탁발이나 작업 등 주요한 일과에서 벗어나 조용하게 신심의 피로를 달래며 날카롭고 강한 기상을 충전시킨다. 어떠한 물건에도 집착함 없이 일체를 붙잡아 자기 것으로 할 수 있으면, 자유자재하게 적응해 갈 수 있는 고차원의 경지가 열린다고 한다. 휴식은 게으름을 피우는 게 아니다. 그러므로 총림에서는 크게 심신의 피로가 따르게 되는 큰 행사나 힘든 노동을 한 뒤에는 꼭 휴식을 취하도록 한다.
　이와 같은 날은 이른 아침부터 세탁이나 수선 같은 것을 끝내고 주변을 정돈한 뒤에 편안한 마음으로 차 등을 달여서 마신다. 술이나 담배를 피우면서 휴식을 취하는 것은 사바의 사정이다. 무심하게 마시는 차의 맛은 피로를 달랠 뿐만 아니라 졸음을 쫓고, 함께 공부하는 친구끼리의 화합을 가져다주는 공덕이 이만저만 아니다. 선사와 같이 차와 밀접한 관계가 있는 곳도 별로 없지만, 차야말로 휴식에는 안성맞춤이어서 참으로 잘 어울린다.

달마대사 재일

　국화 향기 가득한 11월 5일, 모두는 본당의 달마대사 사시재에 나아가며, 총림에서는 경책에서 벗어나, 대중 공양도 받고, 사적인 외출도 허용되어 마을을 어슬렁거리며 여기저기 가게에도 들러 달마대사를 구경하기도 한다. 서민들에게는 일곱 번 넘어지면 여덟 번 일어나는 오뚝이와 같은 인생 교훈의 상징으로 포기하지 않고 용기를 갖게 하는 처세를 나타내지만, 운수의 눈에는 종지(宗旨)의 불교를 믿도록 강화시키는 상징으로밖에는 비쳐지지 않는다.

　달마대사는 고대 인도에서 부처님의 깨침을 몸소 실천하고 구체적으로 실현하려고 독특한 종문의 풍습을 일으켰다. 6세기초에 3년이나 걸쳐 남해로부터 중국으로 건너와 양나라의 무제에게 선의 요체(要諦)를 설했다. 그러나 무제가 제대로 이해하지 못함을 알고 위나라로 건너가 숭산의 소림사에서 면벽 9년, 종지의 대명맥을 전하는 이 이야기는 자주자주 화두가 되어 예부터 지금까지 꽤 많은 아손(兒孫)이 심혈을 기울여 왔다. "조사가 서쪽에서 온 뜻은 무엇인가?"라든가 "성인이 말씀한 제일의 뜻은 무엇인가?" 등 오늘날의 신참은 모두 알지 못한다. 설두스님은 "빨리 마음의 눈을 열어서 네 주변에 널려 살아 있는 달마를 친견하라" 하고 말씀하지만……

특별 신도재

5월과 11월 중순에 열리는 "특별 신도재" 때는 총림이 평상시 입을 것과 먹을 것 등 재무의 베풂을 받은 독실하게 믿는 집의 은혜에 보답하고자 선원 특별 후원회의 불자를 빠짐없이 초대하여 나한재를 올리고 잔치를 베풀어 따뜻하게 위로한다.

이 날은 주변의 다른 절에서도 동참하여 모임이 열리는 본당을 가득히 메워 공양주·그릇 관리·식사 공급·불당 관리 등의 소임에 따라서 종일 눈이 빙빙 돌도록 이리 뛰고 저리 돌며 움직이지 않으면 안 된다. 방장의 넓은 방에는 빨간 유단이 펼쳐져 있고, 살뜰하게 준비해 놓은 공양을 모든 사람에게 똑같이 내놓아 정중히 대접한다. 오후에는 나한재와 함께 특별 신도의 선망 부모를 위해서 대천도재 독경이 있고, 설법이 이어진다. 수많은 손님들은 거의가 매월 공양미를 거두러 집집마다 다니면서 마주치던 얼굴들이나 특별 신도의 얼굴들이다. 이와 같은 손님들은 진기한 사찰 음식에 감격한다. 신록으로 감싸여 가는 웅장하고 화려한 칠당가람의 풍취를 음미하며 산사를 내려갈 때, 운수들 또한 언제나 변함없는 평상시의 재시(財施)에 고마워하는 마음으로 법시(法施)를 나누는 작은 기회를 갖게 된 것을 서로 흐뭇해 하는 기쁨에 하루의 피로도 스르르 풀린다.

개산기

　동복사(일본 경도부에 있는 선종 사찰)의 개산기(開山忌 : 처음으로 절을 세운 스님의 기일)는 11월 17일. 매년 산중을 총동원하여 개산당(開山堂)에서 엄숙하게 법회를 연다. 멀리 지방의 수양이 깊고 학덕이 높은 스님도 속속 절로 모이고, 총림의 대중도 전날의 숙기(宿忌)로부터 첫 새벽의 죽공양, 사시공양에 걸쳐서 성대한 의식이 행해진다. 장엄하게 차려 놓은 넓은 법당에는 법음의 음향이 은은하게 울려 퍼지는 가운데 붉은 비단에 흰 무늬로 만든 구조(九條)가사를 걸친 노사가 경건하게 108배를 올린다. 가는 실같이 피어오르는 향 연기 건너편에는 척안국사의 준엄한 초상이 지금도 그치지 않는 명맥을 이어 우러러 받든다.

　이와 같은 날 방장에서 일동이 함께 하는 사시공양에는, 다시마 튀각·무잎 무침·콩조림, 그리고 두부를 넣고 끓인 두부 무국 등 예부터 변함없는 전통 요리를 제공받는다.

　개산조는 일본의 국사제1호인 원이변원으로서 정강(靜岡) 사람이다. 선종 초창기에 송나라에 들어가 7년 동안 무준사범에게 법(法)을 받은 후 불경·한나라 책·차·밀가루 등을 지니고 본국으로 돌아와서 구조도가에게 청함을 받아 동복사 제1세가 되었다. 또한 뒤에 차아, 구산의 두 상왕, 북조시뢰의 귀의함을 얻어 선을 확고하게 정착시켰다.

무 탁발

　총림의 운수가 손수레를 끌고 무 탁발에 나가는 것은 가을이 아주 깊어 갈 무렵이다. 절 근방에서 무 뽑기가 시작되면 대중은 아침부터 총출동하여 단무 김치의 재료를 구하기 위해서 탁발을 나간다. 주변의 농가에서 가마니·새끼 등을 빌리고, 손수레까지 빌려서 달려나간다. 옛날 산왕신을 모시는 가마까지 짊어지고 나왔다는 예산의 혈기 왕성한 스님들도 이렇게 헐떡거리며 달렸는지도 모른다. 그러한 상황에서도 모두는 여러 곳으로 장소를 나누어 넓은 무밭이나 농가에서 버리는 노란 무청까지도 모으며 돌아다닌다. 그러다 한낮이 되면 친분이 두터운 비구니 절이나 넉넉한 신도 집에서 점심을 먹고, 오후 해가 저물도록 탁발을 하여 가마에 가득 넣어 묶어 놓는다.
　무는 상품 가치가 별로 없는 것들만 얻어서 모아놓은 것이지만 운수에게는 없어서는 안 될 귀중한 부식으로, 양질의 반찬이 된다.
　총림의 탁발 생활은 하나하나 알뜰하게 정성껏 모으고 가다듬으면서도 경제하고는 무관하게 집착 없는 생활을 하여 자신에게 몰입하는 가운데 자유 분방하게 자신의 세계를 개척해 나가는 것이다. 이 얼마나 절묘한 예술적 인생인가!

김장 담기

쓸모없는 무만 모아서 산같이 쌓아 놓은 후 곧 김장 담기에 들어간다. 이때 무를 여러 가지로 분류하여 정성껏 씻고 다듬어 큰 통에 가득히 담아 놓는다. 우선 먹기 위해서 싱겁게 담아 놓은 김치는 섣달 8일이나 추운 겨울밤에 따끈한 감주 한 잔에 곁들어 먹는다. 그 맛이야말로 이루 형용할 수 없다. 보잘것없는 재료로 소금이나 설탕마저도 아껴가며 담가놓은 김치가 이렇게 좋은 맛을 낼 줄이야! "단무 김치"는 다쿠앙스님 이래 선방의 예술이 되었다. 대자비심으로 있는 것 모두를 최대한 가치를 살리며 활용했던 옛 스님들은, 그것이 곧 공부로서 여타 아무 것도 아니다.

현재 선문화(禪文化)라고 해서 우리들이 도움을 받고 있는 선승의 지혜는 식생활 하나만 보더라도 그 수를 헤아릴 수 없을 정도이다. 이를 테면 콩으로 청국장, 두부, 된장, 그리고 부드러우며 단백질이 풍부한 여러 가지 건강 식품을 구상해 냈다. 여기서 더 나아가 차와 함께 과자류가 생겨났고, 바다에서 나는 해초류, 산나물 등 무진장한 정진 요리로 변화시켰다. 지금 총림의 운수들은 하루하루의 작업 수행을 통해 옛 스님들의 물자 활용 정신을 배울 뿐만 아니라 귀중한 전통을 살려 몸에 배도록 해야 한다.

목숨을 건 대용맹정진

12월 1일부터 일주일간의 섣달 대접심은 옛날부터 "수행인의 목숨을 뺏는다"라고 할 정도로 어느 총림이든 제일 중요하게 여기는 큰 행사다. 이는 부처님이 6년간의 고행 끝에 보리수 아래에 앉아, 새벽에 떠오르는 밝은 샛별을 보고 크게 깨달았다는 고사를 기념한 것이다. 운수에게 이보다 더 격렬한 자기와의 투쟁은 없을 것이다. 초하루 새벽 입선으로부터 8일 먼동이 트고 닭소리와 함께 환종이 울릴 때까지의 일주일간은 하루를 하룻밤으로 생각하라고 한다. 이 기간에는 그날의 좌선 수행이 끝남을 알리는 소리는 들리지 않는다. 탁발도 없으며, 음식 사정이 좀 좋아졌다고는 하나 밥 먹을 때를 제외하고는 궁둥이를 방석에서 떼어서는 안 된다. 오전 영시 반부터 3시까지의 짧은 시간은 앉은 채 조는 것이 허용되지만 부모가 아프거나 돌아가셨다고 하여도 돌아갈 수도 없다. 또한 하루에 대여섯 번의 독참과 그 안내 역할에 손발이 터지고 아파도 말 한 마디 할 수 없다. 즉 매우 엄격하고 고된 수행이다. 일주일이 지나면 새벽 닭 울음소리와 함께 여명 속에 서리가 기둥에 얼어붙은 차가운 당 밖에서 주변을 붉게 물들이며 불기둥이 피어오르기 시작한다. 그와 함께 "폭죽"이 터지는 듯한 기쁨은 목숨을 걸고 신고한 8일간의 정진을 성취했다는 자신감과 고통으로부터 해방되었다는 기분이 합쳐서 붓만으로는 표현하기 힘들다.

겨울밤

12월 중순의 전날 밤, 총림의 운수들은 매우 놀랄 만한 행동을 한다. 1년에 단 한번 "예의 없음"이 허용되기 때문이다. 12월 8일이 끝나면 고참들은 곧 이날을 위해서 계획을 세우고 이것저것 준비를 한다. 드디어 기다리던 저녁, 시작 소리가 들리면 집합장이 될 상주의 방을 취향에 맞추어 보기 좋게 꾸미고 모두가 모이면 수호신의 눈을 가린 채 뛰어 놀면서 길고 긴 밤을 새운다. "신참 3년은 흰 이를 보이면 안 된다" 하는 것이 날마다의 몸가짐이지만 이 날 밤만은 예외가 허용된다. 엄하게 금지된 약수(술)라든가 연초(담배)도 허용되고, 단(單)의 위아래라든가 고참·신참의 질서마저 멀리 사라지고 기쁨과 슬픔, 원한이나 분노도 이 밤만은 모두 잊어버리고 왁자지껄하게 노래부르며 보낸다. 고참 신참도 없고 모두 엿에 묻힌 쌀 과자와 같이 하나로 뭉쳐진다. 그리고 자신의 재능을 유감없이 발휘하여 어울려서 노는 모습은 전혀 생각지도 못했던 광경! 총림 규칙에서 벗어났다는 상쾌한 기분, 답답하고 재미없던 생활에서 탈출하여 입이 저절로 벌어질 정도로 활기 넘치는 모습이 전개되는 하룻밤이다.

새해 준비

한해가 저무는 세밑이 가까워지면 거리의 활기는 더해 가는 것 같으나, 총림은 도리어 하루해가 짧고 정적에 싸여 따뜻한 기운도 없이 춥다. 새롭게 바뀌는 계절의 변화도 여기에서는 연말 연시보다 역시 안거를 중심으로 느끼게 마련이다.

그러나 일은 매일 모아온 공양미 정리라든가, 새 이름표를 만든다든지 하며 새해 준비를 한다. 그런 중에도 28,9일경이 되면, 정월 초하루 아침의 축성 행사 준비에 상주들은 몹시 바쁘다.

많은 찹쌀을 찬물에 씻고, 창고에서 절구와 절구공이를 꺼내어 떡을 만든다. 당내의 대중은 전날부터 큰 가마솥에 물을 가득 부어 끓여 놓는다. 전원 오전 1시 개정(開靜). 대단히 많은 양의 축하 떡이나 불전의 찹쌀떡이 장식용과 먹을 것으로, 두 군데의 절구통에서 젊은 스님들의 손에 의해 불이 나듯 위세 좋게 만들어진다. 떡 만들기는 오전중에 끝내고, 오후에는 그을린 숯검정을 털어야 한다. 부식을 만드는 부수료(副隨寮)에서는 정월 전통 요리 만들기에 바쁘고, 전사료(展司寮)에서는 산의 푸른 소나무를 잘라오고, 공양주인 음식 소임자는 새해 참배 준비로 신참들과 함께 여기저기 떡이나 과일을 올리며 장식하다 보면 어느덧 제야의 종소리가 울려 퍼진다. 그러면 한해를 떠나 보내고 새해를 맞이하는 감개가 밀려온다.

참회 수정

　새봄의 온화한 향기가 가득한 본방 법당에서는 지금 한참 수정(修正) 기도, 『대반야경』을 독송하고 있다. 본존 정면에 나란히 놓여 있는 둥근 방석에 한산(一山)의 총대중, 노사, 젊은 스님, 운수들이 가부좌를 틀고 앉아서 『대반야경』 육백 권 중 몇 권을 받아 "대반야바라밀다심……" 하고 큰소리로 읽으며 한장 한장 페이지를 넘겨가며 "일체의 마구니를 항복시키고 최승의 진리를 성취함"하고 끝낸다. 그리고 또다시 다음 경 다음 경으로 황색의 병풍 모양으로 된 경책을 공중에 부채꼴로 크게 휘를 지으며 정신없이 읽는다.

　수정회(修正會)는 지난해 이러저러한 잘못들을 참회 수정하는 법회라고 하지만, 불완전한 자기를 반성 참회함으로써 구도심도 솟아나고 염원도 생긴다. 정월 3일간의 수정회에 "일체개공(一切皆空)"의 깨침을 설해 놓은 『대반야경』을 모두 읽는다는 것은, 단순하게 현세의 이익만을 추구하는 것이 아니다. 그것은 모든 인간의 행위를 수정하는 것에 기뻐하고 도에 나아감에 있어서 장애가 없고, 바르게 고치는 것으로서, 부처나 보살의 힘에 의지하는 것보다 자기의 분노, 소원이 현실로 이루어지는 것을 목적으로 한다.

개인 시간

제야의 종소리가 멎으면 선당에서는 새해의 시작을 알리는 환종이 울린다. 입선 2시반, 날이 새려면 좀더 있어야 한다. 몸뚱이를 여의는 것 같은 차가운 대기 속, 정월 초하루의 첫 행사가 시작된다. 정장을 한 위엄 있는 차림으로 대기하고 있다가 죽비 소리에 맞추어 출두해서 조실방의 윗자리에 안치해 놓은 달마상에 축하 부채를 헌납한 후 삼배를 드리고, 그곳에서 모두는 매실차의 축례를 올린다. 계속되는 법고 소리에 따라서 아침 축원, 제당의 독경 등이 이어진다. 이런 의식이 끝나고 드디어 설에 쓰는 술과 떡국을 방에 가져다 놓으면 새해 기분이 실감난다. 8시경이 되면 본방 법당에서 천황의 편안함, 국가 안녕을 축도한다.

새롭게 새해를 맞이하는 행사가 엄숙하게 끝나면, 운수들은 특별 공양이나 제책으로 3일간 정월 기분을 만끽할 수 있다. 따라서 하루 하루의 생활이 이 이상 바랄 것 없는 휴식이 된다. 누구든지 먹고 싶은 만큼 먹고, 자고 싶은 만큼 잔다. 마치 철없는 어린아이들로 돌아간 것같이 천진하게 떠든다. 이 때에 한하여 바둑이나 장기를 둘 수도 있고, 떡을 구워 먹기도 한다. 그러다가 둘째날, 첫번째 울리는 환종에 깜짝 놀라 깨어 목욕 재계를 한 다음 할아버지가 보내주신 세뱃돈에 감사의 보답으로 먹물을 적시면서 총림이 아니고는 맛볼 수 없는 새해를 칭송한다.

교대 지도

여름 방학을 맞이한 어린이들이 나무에 달라붙은 매미를 잡으려고 살금살금 눈치를 보면서 경내에 들어오는 것을 보면서 해제철, 고향에 돌아갈 수 있는 허가의 날을 기다리고 있는 운수들. 하안거가 끝나면 총림의 스님들이 싹 달라지고 지객료를 비롯해서 상주원의 얼굴들도 바뀌기 시작한다. 그 중에는 휴가를 얻어 잠시 고향에 돌아가는 경우도 있기 때문에 당내에는 갑자기 스님들의 수가 줄어든다. 또한 몇 명의 신참이 들어오기도 한다. 교대에 맞추어서 만반의 준비를 해 놓아야 다음 스님들이 원활하게 바통을 이어받아 임무를 계속할 수 있기 때문에 "교대 지도"라고 정리·준비하는 날이 하루 있다.

그러나 각자 날마다의 작업과 치밀한 행동으로 정돈해 놓았기 때문에 지금 또다시 정리할 것은 거의 없다. 김치독이나 창고 정리, 살림 도구의 보수, 오물 수거, 망가진 물탱크 처리까지 벌써 끝냈다. 이날 당내 대중은 대개 발우 선반이나 이불 넣는 선반, 일용품 상자의 구석구석까지 먼지 하나 없이 철저하게 청소하여 운수의 정돈 습관을 발휘한다. 상주에서는 공양주가 후임자를 위해서 묵묵히 장작을 쌓아 놓고, 불당을 돌보는 스님은 그 많은 불사에 쓰이는 모든 도구를 빠짐없이 닦아서 올려놓고, "나는 새는 발자취도 남기지 않는다"라고 하는 말과 같이 여러 면으로 세심하게 마음을 쓴 흔적이 역력하다.

인사 이동

2월 2일 새벽 강의가 끝나고 동이 트면 동안거 해제의 날이다. 죽공양 후 곧바로 죽비 소리에 모두의 역할이 바뀐다. 전날 밤의 해제전체다도 때 짠 새로 맡은 소임의 얼굴들이 발표된다. 새로운 요사에 들어오는 스님, 당내로 돌아가는 스님 등 짐을 옮기느라 한참 동안 어수선하게 교대 소동이 벌어진다. 그 다음에는 조실방에서 신구 양역의 다도가 있다.

이삿짐이라고는 하나 운수에게는 겨우 소지품 몇 가지, 고리짝 하나가 전부이다. 그것은 인간의 소유욕을 최소한으로 억제하기 위해서인데, 먼 옛날부터 소지품을 매우 제한해 왔다.

새로운 구성원에 의해서 여름의 반 년 동안은 언제나 한결같이 원활하게 유지될 것이다. 당내 대중은 수행 삼매에 전념하면 되지만, 상주원은 자기의 수행은 물론 일상의 모든 것을 책임지며 단체생활에 지장이 없도록 노력하지 않으면 안 된다. 자기의 목적에 충실하면서도 대중을 위해서 헌신한다는 것은 역시 고참이 아니고는 힘든 일이다. 신참에게는 아직 중요한 역할에 대해 책임질 만한 역량이 갖추어지지 못했지만, 밀리고 떠밀려서 요사에 들어가 고참들의 지도를 받게 된다.

며칠간의 휴가

고향의 본사에서 큰 법요가 있으므로 은사의 요청에 의해 지객료로부터 잠시 휴가를 받고 해제기를 이용하여 고향으로 돌아간다. 오랜만에 만나는 친구들은 옛날과 변함없이 짓궂게 반겨주지만, 선방의 수행승으로서의 관록은 1년 전 출발할 때와는 차이가 많다.

그러나 좋은 의미에서 선승의 체질로 변했다고는 하나, 수행의 과정은 멀고도 아득할 뿐이다. 수행의 길에 들어선 목적은, 내 자신이 선의 목적을 체득하지 못하면 그 누구도 구제할 수 없다는 생각에서였다. 그리고 자신만의 마음의 평화나 구원을 받기 위해서가 아니고, 사람들을 바른 길로 인도하고 이끌어야 하기 때문이었다. 즉 나의 인격을 형성하여 자신감이 서도록 하기 위해서였다. 공안으로부터 연기의 근본 실체를 나타내는 공의 진리를 파악하고, 그것이 실생활의 모든 면에서 실증되고, 살릴 수 있는 자신감이 확립되었을 때 한번 선당을 벗어나 보고자 한다. 그러나 공안의 공부는 많은 세월을 요한다. 그런 중에서도 수행의 만족함을 얻어 과정을 마친 스님은 극히 드물다. 그에 비슷한 이상에 가깝도록 체험하여 진리를 터득하여 확고하게 얻지 못하면 또다시 선방으로 돌아와 스승의 엄격한 지도를 받지 않으면 안 된다.

열반회

　동복사의 열반회(손님 접대)는 조선사가 그린 「대열반상」이 유명하다. 가끔 고향 절의 불자들이 본산에 참배하러 들르게 되면 지객료의 허가를 받아 신나게 안내한다. 운수의 손님 접대는 한결같이 정중하고 친절한 것을 신조로 삼고 있지만, 시골 사람들을 상대로 선문화(禪文化)의 크고 작은 유산들에 대해서 깊이 있는 진수를 납득시키기 의해서는 기가 빠질 때도 많다.

　720여 년의 역사를 자랑하는 동복사는 "가람의 표본"이라고 할 정도이다. 그 중에서도 최고 최대의 산문을 시작으로 해서 "천인도량"인 국보 선당, 진귀하게 중요문화재가 된 화장실과 욕실, 오래된 유구(遺構)의 종을 달아두는 누각, 불경을 넣어 두는 곳집, 개산당 등이 옛날 그대로의 위용을 자랑하고 있다. 특히 선당은 명화(明和에 : 1764~1772), 안영(安永 : 1772~1781)경에 8백 명, 1700백 명의 결제가 있었다고 전해오고 있다. 지난날 성황했던 선풍을 가히 짐작하기에 충분하다.

　1966년 가을, 임제선사 천백년기를 기념하여, 임제종 황벽종의 보은대접심회가 이 선당에서 결집되었다. 그 수가 육백이었다. 대선당(大禪堂)은 처음으로 그 진가를 발휘해서 생기가 돌고, 맥맥히 흐르는 종조(宗祖)의 생명이 끝나지 않았음을 증명한 셈이다.

자유행

"악을 짓지 말고 선을 행하라" 하는 불교의 가르침을 멀리 하여 운수끼리만 통하는 "야행(夜行)"이 있다. 음주를 금하는 계율이 선종의 계율임에도 불구하고 사가(師家) 중에는 애주가가 많다. 세상의 윤리 도덕으로 말하면 참으로 언어 도단이다. 그러나 세상적 윤리 도덕이야말로 위선적 행위가 얼마나 많은가. 위선을 선에서는 제일 싫어한다. 선을 행하는 스님은 선행악행(善行惡行)을 짓는다 해도, 그 번뇌의 씨앗을 남기지 말아야 한다. 그 행동은 언제나 양심적이어야 한다. 보기 사나운 방주(坊主)의 탈 선행 속에서도 정진하는 공부 형태를 놓쳐서는 안 된다. "술이 좋으면, 술을 마시되 그 술 좋아하는 놈의 본래 모습을 잊지 말고 즐기라."

선(禪)에서는 오른쪽을 말하면 왼쪽을 말하고, 있다 하면 없다 하고, 없다 하면 있다 하여 상대방의 생각을 정반대로 때려부수는 것을 세상 사람들은 착각해서 도량이 커 작은 일에 얽매이지 않고 자유 자재로 변화하여 막힘 없이 사람들을 연기에 그을리게 하며 방귀 뀌는 소리하는 자를 선자(禪者)라고 생각하기 쉽다. 그러나 참된 선을 행하는 사람은, 선의 뜻을 실생활에 융화시키면서, 계율에도 속박 당함이 없이 자유 자재한 인간성을 발휘하여 자연이나 법에도 걸리거나 모순됨이 없이, 접하는 사람마다 차별 없이, 무엇인가 밝고 따뜻함을 주게 된다.

이것이 선(禪)의 수행으로 이루어졌다는 인간상이다.

총림의 생활과 현대

1. 스님의 일상 생활과 선수행

이 글은 선당 생활을 체험한 한 선승, 고 좌등의영 화상의 이야기이며, 그림도 그가 직접 그렸다. 1942년 초판 발행 이래, 선(禪) 전문가들 사이에서 뿐만 아니라 영문으로도 번역되어 널리 알려지게 되었다.

현재 독일에서도 출판을 희망하는 편지가 와 있다. 이렇듯 지금은 세계적으로 선이 붐을 일으키고 있는 추세이다. 불교에는 많은 종파가 있음에도 불구하고 다른 종단들이 부러워할 정도로 "동양 신비의 선"이라고 해서, 세계 각국의 뜻 있는 사람들의 관심의 초점이 되고 있는 원인은, 하나의 종교적 사상이 중국의 당송시대를 거치면서 일본에 들어오기까지 700년 이상의 긴 세월이 흐르면서, 일상 생활 속에 자리를 잡게 되었기 때문이다. 추상적이며 번잡한 철학적 사유나 단순한 개인의 명상만을 추구하지 않고, 행주좌와의 일상 생활 속에서 본질을 파악해 자기화하려는 선당의 수행 생활에 깊은 관심을 보이는 부류는, 신학 우선의 그리스도교계에 비판을 가지고 있는 일부 성직자, 서양식 신관에 대해 회의를 느끼는 사람들이다.

처음 인도로부터 중국으로 들어와 숭상되고 발전한 불교는 학문적이었다고 한다. 이 학문적 불교에 대항하기 위해 새롭게 일어난 불교가 선이나 염불을 중심으로 하는 실천 불교였다. 따라서 선은 본래 학문적인 해석보다는 행동을 존중했다. 이것은 이론보다는 실천을 중요시하는 중국인 특유의 생활 철학에 의한 소산이라 할 수 있다. 인도로부터 받아들인 실천행이 요가인데, 이는 중국 선(禪)의 시조라 하는 인도 승 보리달마를 중심으로 한 행위에서 기인한다.

그 후 중국의 선승들은 달마의 좌선 방법을 구체화시켜 선풍을 일으켜 왔다. 선승들은 선을 일상 생활 속에 융화시켜 옷을 입고, 밥을 먹고, 물을 긷고, 나무를 쪼개는 등의 모든 행위를 선으로 귀착시켰다.

깨침의 길이 좌선에만 있는 게 아니기 때문에 일상 생활 속에서도 찾으려 했음이 당시 선승들이었다. 당대 선승들의 선문답을 보더라도 더할 나위 없이 평범한 일상의 움직임 속에 있는 것들을 나타내고 있다. "조사가 서쪽에서 온 참뜻이 무엇입니까?" 하고 묻는 이에게, 조주스님은 "끽다거"(차나 먹고 가거라, 헛된 잠꼬대하지 말고 차나 먹고 정신차려라)하고 대답했다. 이 선문답에는 의도적이고 복잡한 가르침이나 이론은 없다.

평범한 일상 생활 속에서 불(佛)이 되는 길을 찾는 것이다. 그 대표적 예로서 총림의 일용 청규를 보더라도, 특이한 행법으로 수행하는 것만을 내세우지 않았다. 마조스님이 수행시에 깨침에 이르려고 목숨을 다해 좌선하는 모습을 보고서, 스승인 남악선사가 "좌선만을 해서 부처를 만들려고 하는 것은, 기왓장을 갈아서 거울을 만들려고 하는 것과 똑같다"라고 말하며 비웃었다고 하는 말이 있는데, 이는 단순히 좌선만을 고집하는 적정주의(寂靜主義 : 번뇌를 떠나 고를 멸한 해탈·열반의 경지를 주장하는 주의)에 대한 비판이라고 보아야 할 것이다.

2. 총림 생활이 이루어진 과정

 스님의 일상 생활은 전통적으로 내려오는「청규」라고 하는 일정의 규칙 속에서 전혀 막힘 없이 깨끗하게 흐르는 물과 같이 행하는 것이다.「청규」는 당의 백장회해가 선원(禪院)을 창설하면서 승집단의 규칙을 세운 것이다.
 인도의 승단에는 계율이 있었다. 그 계율은『율부』속에 자세히 기록되어 중국에 전해졌다. 그러나 기후, 풍토, 생활 풍습, 감정이 다른 중국에서는 인도 승의 계율을 그대로 지키기에 맞지 않는 것이 매우 많았다. 그래서 인도로부터 전승한 대·소승의 계율을 중국풍으로 바꾸어 정리한 것이「청규」였다. 이것은 도가의 사람들로부터 "선에는 예의(禮儀) 삼천, 위의(威儀) 팔백"이라고 해서 경탄을 받았다고 한다. 즉「청규」는 인도의 불교 계율에 중국풍의 예의를 첨가시켜 정리해 놓은 것이라고 보면 된다. 그것이 일본에까지 전해지고, 총림의 모든 수행자들은 이에 맞추어 일상 생활을 했다. 이것을 위반하는 스님은 물론 절 밖으로 쫓겨났다. 이 규율은 오늘날도 총림에서 엄격히 지켜지고 있다.

이를 테면 총림 생활의 1년을 하안거와 동안거로 나누어 여름 3개월, 겨울 3개월 외출을 금하며, 날마다 정해진「청규」에 맞추어 생활한다. 이 기간의 행사는 낮에는 노동과 탁발이다. 탁발은 인도에서 유래되어 스님의 전통적 행사가 되었다. 중국에서는 거기에 노동이 추가된 것이다.

옛날「백장청규」에는 열 가지 노동이 있었다고 하나 내용은 확실히 알 수 없다. 밭일·산일 등 육체 노동에서부터 서기 등의 지적 노동까지 합쳐서 이루어진 것 같다. 백장화상은 "하루 일하지 않으면 하루 먹지 않는다"라고 했다. 일하는 가운데에 살아 있는 구도 정신이 있으며, 선에서 추구하는 참 생명의 근원을 발견할 수 있다. 구도 장소는 좌선 명상만 하는 선당 안 뿐만 아니라 산이나 들·밭 등 그 어느 곳에서나 찾아냈다. 즉 일을 하는 가운데서 본래 자기가 가지고 있던 참 모습에 깨침의 길이 있음을 찾으려 했던 것이 당시의 선승들이었다. 수행자의 생활, 일어나는 것에서부터 잠잘 때까지 이루어지는 모든 것이 수행의 연속이었다. 이런 생활상이 그대로 선당 생활 규범인「청규」가 되었던 것이다. 따라서「청규」는 일상 생활 속의 사소한 부분까지도 자세하게 규정하고 있다. 그것이 일본에 전해지면서 또다시 일본풍으로 변화하게 된 것이다. 언제부턴가 "일작무(一作務), 이좌선(二坐禪), 삼간경(三看經)"의 제도가 생겨서 총림에 유행하게 되었다. 이는 좌선보다 노동을 중시하는 풍조이다. "움직임과 고요함 사이에서 멈춤 없이 정력(定力)을 기른다"는 마음의 각오를 강조하기 위해서 『좌선의』에 있는 구절을 "움직이는 가운데의 공부가 고요함 속의 공부보다 백천만 배 낫다" 하는 식으로 변화시킨 것이다. 움직이는 가운데의 공부는 정말로 선당의 일상 생활이 그렇게 짜여 있고, 『선방의 아침』 속에서도 만화풍으로 그림을 그려서 잘 나타내고 있다. 밤에는 종소리와 함께 하나의 방에 모여서 서로 얼굴을 마주보며 당내 밤좌선을 한다. 불을 끈 뒤에는 당 밖으로 나가 좌선하는 당외 밤좌선이 있다. 소위 고요함 속의 공부를 하는 것이다. 안거중 1개월에 일주일은 좌선 삼매에 들어간다. 이것을 대접심이라 한다. 접심중에는 모든 노동과 탁발도 중지되고 오직 밤낮을 가리지 않고 좌선에만 전념한다. 이 일주일이 지나면 또다시 낮에는 움직이는 가운데의 공부가 시작된다. 이렇게 움직임과 고요함의 두 세계를 통해서 자기의 실제적 존재를 구명하여 깨치도록 정진하는 것이 선당의 수행 과정이라고 할 수 있다. 움직임(行)은 깨침을 위해서 있는 것이다. 깨침 없는 움직임은 그냥 맹목적으로 행하는 것에 지나지 않는다. 또한 움직임 없는 깨침은 깨침이라고 할 수 없다.

3. 선당 생활과 현대

결론적으로 말해 총림의 모든 생활은 담백해서 꾸밈없음을 첫번째 원칙으로 하지 않으면 안 된다. "일어나서 방석 하나, 누워서 방석 둘"이라는 말은, 수행승에게 주어진 주거 공간의 면적을 의미한다.

선종 사원이 칠당 가람을 지어 거대한 건축이나 넓은 경내를 가지기에 이르른 것은 중국 송대 이후부터이다. 참으로 훌륭한 선승을 배출한 당말의 선원에는 그렇게 큰 것이 없었다. 임제스님이 살던 암자는 아주 보잘것없었다. "겉모양이 화려한 사람은 마음이 가난하다." 이러한 면에서 선사는, 큰 가람을 소유하면서도 생활면에 있어서는 변함없이 검소하였던 것이다. 지금도 총림의 생활은 검소하다. 공양은 국 한 그릇에 반찬 한 가지, 옷은 겨울에는 무명, 여름에는 마로 한정되어 있다. 어느 정도 큰 가람을 가지고 있다 하여도 개인에게 주어지는 생활 공간은 방석 한 장이 전부이다. 최저의 공간에서 수행 생활을 하는 것이다. 이것은 일반인의 생활 기준도 된다 할 수 있다. "이 정도만 가지면 살아갈 수 있다" 하는 기본적 생활 공간을 제시한 것이기 때문이다. 일반인들의 생활을 보면 불필요한 치장이나 장식을 덧붙여 낭비적인 요소가 매우 많다. 선당에서는 자기의 실제적 존재를 구명하는데 필요한 것 이외에는 모두 배제한다. 더 이상 간소화시킬 수 없는 생활 형태로까지 몰고 가는 꾸밈없음이 선당 생활이다.

  선당 생활의 두 번째 원칙은 정결함이다. 당사 내외의 청소와 자기 신변의 청결함을 위해서 머리 깎기, 목욕, 세탁은 4일과 9일에만 해야 하는 엄격한 규칙이 있다. 머리카락을 길게 하고, 더러운 옷 입는 것을 파계승이라 한다. 불단의 장엄함은 생화나 조화로 아름답고 눈부시게 꾸미는 것만이 아니고, 끊임없이 깨끗이 청소하는 것이다. 이는 금란가사라든가 보랏빛 명주옷에 있는 게 아니라, 무명옷이라도 깨끗이 빨아서 단정하게 입음을 중시하는 것이다. 이 중에서도 수행자의 식사를 담당하는 공양주의 첫번째는 정결이다. 불결한 환경은 해로운 음식을 먹게 되는 원인이 되기 때문이다. 생활 환경을 언제나 꾸밈없이 청결하게 하는 것을 구도자 제1의 생활 신조로 삼는다. 선당의 안팎은 풀 한 포기 없으며 휴지조각 하나 찾아볼 수 없다. 꾸밈새 없이 자연스럽게 조성되어 있는 분위기에 찾아오는 사람이 저절로 숙연해져서 옷깃을 바르게 여미게 된다.

　선당 생활의 세 번째 원칙은, 목표 지향에 있다. 모든 생활의 목표는 오직 하나, 자기의 실제적 존재 구명에 있다. 이밖의 모든 것은 중요시되지 않는다. 선당에서는 특별히 선이나 불교의 지식만을 가르쳐서 취하도록 하지 않는다. 하물며 세속의 기예·글·회화 등을 가르치는 것은 당치도 않다. 일상 생활은 오직 하나의 목적만을 향하여 가장 현명하게 이루어진다. 큰소리로 말하고, 웃고 떠드는 것을 금하는 당내의 소리라고는 종소리, 북소리, 나무판 치는 소리, 죽비 소리뿐으로 이에 맞추어 행동을 하며 사내(寺內) 생활을 유지시킨다. 옛날 일본 군대의 내무 생활은 선당의 「청규」에서 힌트를 얻었다고 하는데 그럴 듯한 말이다. 하나의 도량에 모인 다수의 수행자가 한결같이 같은 목적을 향해서 나아가는 것, 그 목적을 위해서 자기의 신명마저 아끼지 않는 용맹심이 도량 내에 넘쳐흐를 때, 진정한 총림으로서 선의 도량이라 할 수 있다. 또한 선당 생활은 개인에게 고고함을 가르친다. 선당 생활의 목적이 자기의 실제적 존재 구명에 있다고 하는 것은 이미 말한 바와 같으나 자기의 실제적 존재 구명은 자신의 문제가 중심이 되므로 수행자의 관심도 물론 개인의 일에 속하게 된다.

　끊임없는 집단 생활 속에서 정진에 매진하고 있는 수행자들은, 개개인에 있어서 고고성을 언제나

간직하지 않으면 안 된다. 승(僧)은 집단의 화합을 의미하지만, 그 화합을 이용하여 교활한 수단에 빠짐을 선당 생활에서는 첫번째로 피해야 하며, 의미도 없다. 집단 생활 속에서의 고고(孤高), 그 묘미를 체득하지 않으면 안 된다. 개개인이 독립된 고고함 속에서 집단의 화합을 유지하는 것에 중점을 둔다. 먼저 개인이 수행하는 자세를 확립하고, 다음엔 그것을 다른 사람들에게 보급해서 형성되도록 하는 것이 선당의 원칙이다. 자기의 구도 모습이 그대로 다른 사람들에게 옮겨져 이어가는 것이다. 그리스도교의 경우는 거꾸로 신의 말씀에 복종하는 것이 그대로 개인의 구도에 이어간다고 생각하는 것이다. 구도자의 일상 생활은 신발을 벗어놓더라도 정연함을 요구한다. 신발을 바르게 정리한다든가, 짚신이나 나막신의 떨어진 끈을 수선한다든가, 밥을 나누어주는 일 등 여러 면으로 고참들이 솔선 수범한다. 신참들은 일념으로 참선 수행에 전념하면 된다. 자기 자신을 다른 사람들에게 보이고, 그에게 미칠 수 있도록 하는 것은 상당한 수행력이 쌓이지 않고는 힘들다.

   3년, 5년 선당 생활을 하다 보면 정결·목적성·고고·예의 등의 덕목을 수행자 스스로가 몸에 배게 할 수 있다. 일상 속에서 작은 각오가 쌓이고 쌓여서 선(禪)이라고 하는 큰 위업을 달성하기에 이르는 것이다. 좌선하는 가운데 갑자기 물항아리로부터 큰 불덩어리가 굴러 떨어지는 것 같은 체험을 기대하는 것은 참된 선이 아니다.

   크고 작은 일을 하나로 모으는 것이 선이다. 일상의 밑바닥, 조그만 일 하나 하나를 통해서 본래의 자기 모습을 자각해 가는 것이 선의 참 길이라고 할 수 있다.

이러한 선당 생활은 독립된 하나의 선승으로서의 삶을 보내게 되어도 다른 수행자에게 그대로 선사(禪寺) 생활의 기본이 될 수 있는 기준이 되어야 한다. 그러나 일단 도량에서 벗어나 절을 갖게 되면, 그리 간단하지 않다. 절의 운영을 위해서 법회니, 불사니 하며 동분서주하지 않으면 안 된다. 물론 결혼도 한다. 이와 같이 모든 현실적인 문제가 수행자의 코앞에 닥친다. 현성공안(現成公案)은 무한하다. 그러한 현실에 부딪쳤을 때, 선당에서 연마한 수행력으로 복잡한 문제를 시원스레 해결해 나갈 수 있는, 선당의 기본이 현실에서 적용된다. 속세 사람들도 마찬가지일 것이다. 기본만을 중요시해서 삶을 선당 내에서만 틀어박혀 하는 것도 하나의 풍류이지만, 그것은 그 이상의 아무런 의미가 없다. 기본적인 바탕을 길렀으면 매사에 적용할 수 있어야 한다. 그러다 보면 수행이 깊어져 감을 느낄 수 있다. 기본 바탕이 되어 있지 않은 사람은 발 없는 사람이 걷는 것과 똑같아 일개의 속승밖에 될 수 없다. 그 기본 바탕을 현실에 적용할 수 없는 사람은 죽은 선이라고 할 수 있다. 우리들은 선당 생활의 경험을 통해서 일생을 지혜롭게 꾸려가야 한다.

일반 사람이라고 하지만 그 사람들이 그냥 세월만 보내는 것은 아니다. 최근 극도로 기술 문화가 발달한 미국 사람들은 "basic to basic"(기본으로 돌아가라)이라고 말한다. 자동차를 이용하기 보다는 걷는 것이 좋지 않을까? 통조림으로 된 즉석 요리보다는 직접 밭에서 뽑은 야채를 볶아서 먹는 게 좋지 않을까 하는 것이다. 미국인들 사이에서 서부 개척 시대로 돌아가고자 하는 운동이 일어나고 있다. 문명이 발달한 나라의 사람들이 편리주의에 빠져 끝내는 살아야 할 희망까지도 상실하고 만 것이다. 삶의 보람이라고 하는 것들은, 본래 무엇인가에 열중함으로써 생의 존재성을 찾게 된다. 자기의 희생 없이는 생의 가치를 찾을 수 없다. 최저의 의식주로서 불도(佛道)에 정진하며 선당 생활을 하는 것이야말로 진정한 의미에서 생의 보람이라 할 수 있지 않을까? 속세의 사람들이라고 해도 선당을 자기 삶의 터전으로 생각하며 살아간다면 조금도 선당과 다름이 없다. 아니 어쩌면 그와 같은 가치관을 갖고 있다면 오히려 멋진 인생을 보낼 수 있지 않을까?

평전정경(平田精耕)

임제종에 있어서의 선당(禪堂) 생활

여기서 말하는 선당은 전문 도량을 가리킨다. 임제(臨濟)에서는 통칭 총림이 된다. 『선림보훈음의』에 "총림이란, 중승소지(衆僧所止)의 장소, 즉 행인서심수도(行人棲心修道)의 장소이다. 풀이 흐트러지지 않고 가지런히 자라나는 것을 총이라 하고, 나무가 굽지 않고 길게 잘 뻗는 것을 림이라 한다. 그 속에 지켜야 할 법도가 있음을 말한다" 하고 설명했다. 나무가 군락을 이루고 있으면서도 사이를 두고 하늘을 향하여 쭉쭉 뻗어 나가는 것을 림이라 해서, 수행하는 승이 학문이나 덕행 등을 배우고 닦는 모양을 표현한 것이다.

옛날에는 칠당 가람의 일부로서 선당이 있었다. 동복사에 현존하고 있는 것이 그 대표적인 형태인데, 각 사원 그대로가 모두 총림이었다. 시대의 변천과 더불어 사원의 형태도 변해서, 포교당으로서의 절은 포교하는 사람만을 양성하는 도량으로 바뀌어, 그 후부터 선의 전문 도량이라고 하는 형태가 나타났다고 생각된다. 지금 임제하(臨濟下)에 전문 도량으로서 간판을 걸어놓은 곳은, 전국 37개의 총림 정도이다. 문을 연 시기는 제각기 다르지만, 전문 도량의 역사는 그리 오래되지 않았다. 선당은 칠당 가람의 일부로부터 독립하여 전문 도량이라는 말을 쓰게 되었다. 전문이라는 말을 선당의 입장에서 표현한다면, 지금의 총림은 "상주(常住)의 총림"이 될 것이다.

1. 총림의 기구

　선당인(禪堂人)은 사가(師家)와 운수로 구성된다. 행운유수(行雲流水)라고 하여 운수가 수행승의 명칭이 되었지만 자기의 스승으로서 모실 만한 지도자를 찾아서 몰리게 마련이다. 총림을 둥지로 해서 키워 나간 사람들을 "문하"라고 한다. 문하 속에서도 현역 중에 평석을 맡았던 스님을 "구수"라 하고, 구수 가운데에서 몇 명을 "보좌원"으로 선정한다. 평석은 운수 중에 높은 지위의 스님으로서 지객, 부사, 입승, 성시라고 하는 여러 역할을 담당하기 때문에 책임자라 불리고, 이들이 의론해서 총림을 운영하며 보좌원과 상담하고, 최후에는 사가(師家)에 알려 허락을 얻은 뒤에 실행하게 된다. 지객은 총림의 규칙 관리 감독역으로 기강료라고도 하고, 부사는 경제 방면으로서 금고를 담당하고, 입승은 선당 내 좌선의 지도 책임자이고, 성시는 선당의 주불인 문수대사를 받들며 선당 내의 대중을 보살피는 역이다.

　시간적으로 반년을 단위로 해서 일하(一夏)라 한다. 앞서 "상주의 총림"이라고 했는데, 의미는 옛날 인도 때부터의 명칭이 그대로 남아서 일하라고 한철의 구분을 지으나, 그렇다고 사가(師家)나 도량의 장소가 변하는 것은 아니다. 1년을 둘로 나누어서, 2월부터 7월까지를 하안거, 8월부터 1월까지를 동안거라 한다. 안거는 부처님 시대, 여름의 우기에는 외출을 금하여 필요 없는 살생을 하지 않도록 일체의 딴 행동을 하지 않고, 동굴 속에 살면서 수행에만 전념했던 것으로부터 시작된다. 따라서 여름철에만 한정한다. 그 이외의 기간에는 돌아다녔기 때문에 거기서부터 여름철 수행이라고 하는 말이 생긴 것이다. 상주 대중의 총림에서는 연중 안거 상태이기 때문에 겨울철에도 안거의 제를 설정해서, 1년이 2하제(二夏制)가 되었다. 하의 표준은 단기 90일, 장기 120일로 되어 있다. 이를 테면 1월 30일 중에 동안거가 끝나면, 2월 1일부터 하로 변하여 하제가 되고, 5월 1일 하안거 결제, 7월 30일 해제가 되고, 8월 1일부터 하가 바뀌어 동제(冬制), 10월 15일부터 동안거 결제, 1월 31일 동안거 해제, 이와 같이 반복된다. 5월 1일부터 7월 31일까지 10월 15일부터 1월 31일까지의 결제중을 제중이라 하며, 그 이외의 기간을 제간(해제 기간)이라 말한다. 특히 2월과 8월의 두 달은 휴가철과 같으며, 잠깐의 휴가는 2박 3일이다. 그 외의 휴가는 변사(弁事)라 하여 사적인 용무로 외출하는 것으로서, 개인적 용무나 자기의 절에 특별한 행사가 있으면 돌아가서 도와주는 것 등을 말한다. 그러나 본래 상주 대중의 총림에서는 제중(결제중), 제간(해제 기간)의 구별이 없다고 말한다. 1년 중 그대로가 수행 기간임을 의미하기 때문이다. 제중, 제간을 별도로 설정해 놓는 것은 기분 전환을 위한 방편이라고도 하고, 역할 교대 기간의 편의라고도 할 수 있다. 2월과 8월을 보내는 방법은 개개인이 제각기 다르다. 이 기간을 이용해서 사국(四國 : 경상북도를 합한 크기의 섬) 88개의 절을 행각 순례하기도 하고, 탁발하면서 무전

행각을 하기도 하며, 뜻이 있는 스님은 산중에 들어가서 단식, 좌선을 일주일이나 이주일을 정해놓고 결행(決行)하기도 한다. 제중에는 참선 견처에만 전념함으로써 사회적인 견문이 어두워지므로 이 해제 기간을 이용해서 자기가 하고 싶었던 것이나 공부 등의 계획을 세워 실행한다.

2. 당내와 상주

총림의 내부는 크게 상주(常住)와 당내(堂內)로 구분한다. 상주는 지객(知客)·부사(副司)·공양주·전사·은시 등의 여러 역으로 나누고, 각 집을 요사라고 한다. 역에 요(寮)자를 붙여서 지객료(知客寮), 부사료(副司寮)라고 한다. 지객하고 부사는 앞에서 말한 바와 같이 평석, 말하자면 총림의 수뇌부가 되며, 때로는 한 사람이 두 가지를 겸하는 수도 있다. 공양주는 3도(三度)의 식사 담당으로, 별칭은 설봉료이다. 유래는 중국의 설봉의존선사라고 하는 조사가 있었는데, 수행시에 언제나 밥주걱을 가지고 다니면서 공양주를 자청하여 봉사하면서, 사람들이 하찮게 여겨 버리는 찌꺼기를 모아 끓여 먹었다. 그 후부터 그의 행적이 공양주의 참다운 모범이라 하여 그 이름을 따서 설봉료라고 하게 된 것이다. "계곡 위쪽에서 떠내려오는 푸른 채소 한 잎을 줍는다" 하는 말이 있는데, 바로 설봉스님의 일화이다. 한 사람의 운수가 덕산스님을 만나기 위해서 계곡을 따라 산을 올라가고 있는데, 계곡 위쪽에서 푸른 채소 한 잎이 떠내려오고 있었다. 여행 중의 운수가 이것을 보고 "아무리 보잘것없는 채소 한 잎이라고 해도 그것을 소홀히 여기는 도량이라면 참배할 가치가 없다"라고 생각하며 발을 돌려 산을 내려가기로 마음먹었는데 한 스님이 급히 내려오더니 그 채소잎을 주워 가는 것이었다. 운수는 생각을 고쳐 "이것이야말로 선승의 참다운 모습이다" 하고 덕산(德山)에 입문했다고 한다. 설봉스님의 젊은 시절 모습이다. 설봉이 덕산스님 처소에 있으면서 변함없이 공양주를 하고 있었다. 매일 밤 사람들이 잠들면 불 위에 냄비를 올려놓고 무엇인가 부글부글 끓였다. 이것이 대중에게 문제가 되어, 매일 밤 맛있는 음식을 설봉 혼자만 끓여먹는다는 소문이 돌았다. 스승인 덕산도 그냥 지나칠 수 없어 어느 날 밤 살그머니 설봉의 방에 가서 보니 소문과 같았다. 덕산스님이 냄비 뚜껑을 열어 먹어 보니 이 무슨 맛인가. 아무리 생각해도 먹을 수 있는 것이 아니지 않은가. 그래서 설봉에게 "이것이 도대체 무엇이냐?"라고 물으니, 설봉이 "채소를 다듬고 남은 찌꺼기를 버리기에 흘러가는 수채에 바구니를 받쳐서 하루 동안 모아진 것을 끓여서 먹는 것입니다"라고 말했다. 이 대답에 스승인 덕산도 깊이 느낀 바가 있어 이 일을 대중에게 바로 알렸다. 이로부터 대중은 더욱더 순종했다고 한다. 이것이 후대에 귀감이 되었고, 지금도 그의 이름을 부르게 되었다.

"전사"는 독경을 하는 소임으로서, 총림의 시계 역할도 하게 된다. 매일 아침 제일 먼저 일어나 문을 열고, 일어나라는 요령을 흔들어서 대중을 깨운다. 지객료의 일도 대변하므로 지전이라고도 한다. 법당에 있어서의 모든 행사·독경·청소 등 부처님의 모든 시중을 든다. 은시는 삼응이라고도 한다.

노사의 방을 은료라 하며, 그 시자를 은시라 한다. 은시는 노사를 찾아오는 손님 접대에서부터, 먹물 가는 일·청소·세탁 등을 맡아 하는데, 그리 쉬운 일이 아니다. 그 중에서도 제일 고심하는 것이 찾아오는 손님의 식사 문제로서 대개 요리 솜씨가 좋은 스님이 담당하지만, 그 중에는 한 번도 요리를 해본 경험이 없는 스님도 있어서 때로는 큰 실수를 할 때도 있다. 나에게도 총림에 들어가 2년 반이 지났을 때, 두 번째의 상주에 들어가게 되었는데, 은시를 담당하게 되었으나 경험이 전혀 없어 많은 고생을 했다. 그러나 어느 여름 동안 은시를 했던 것이 꽤 도움이 되어서 요리 만드는 데 도움이 되어 해제 기간에는 노사의 피서지까지 불려가서 정진 요리를 만든 적도 있다. 그러나 은시가 스승의 생각을 미리 알아차려서 행하기까지는 그리 쉬운 일이 아니다. 동영선사의 『오가참상요로문』 속에 "삼등(三等)의 시자"가 있음을 나타내고 있다.

"시자를 부려 수십 년, 여러 사람들을 두어서 보아오는 동안, 삼등의 시자가 있는데 왈효, 왈정, 왈평이 그들이다. 이른바 효는 부리는데 오직 순수한 업을 가지고 언제나 스승의 생각을 미리 잘 살펴서 편안하게 한다. 정(正)은 한 마디로 말하면 곧 알아차려서 언제나 근면하게 시중을 드는 스님이다. 또 평(平)은 효(孝)나 정(正)은 없지만, 부리는데 따라서 항상 움직이나, 반 정도는 필요로 하고, 반 정도는 맞지 않는 움직임을 보이는 스님이다. 그 외의 말로는 다 할 수 없다"라고.

효에 가까운 은시(隱侍)는 좀처럼 없다. 무엇보다 명령을 내리기 전에 스승의 생각을 미리 알아차리는 것은 쉽지 않다. "나와 가까이 지내고 있는 한 스님을 천룡(天龍)의 정출노사가 오랫동안 은시로서 부렸지만 이와 같은 사람은 처음이다"라고 말을 했는데, 이 사람이 효에 가까울 것이다. 옛날 아난존자가 부처님을 모시기 30년, 마음에 흡족하도록 했다고 하며, 백은선사도 투린선사의 간병을 하고 있을 때, 추운 밤이면 이불 속에 들어가 연로한 스승의 몸에 따뜻한 온기가 들도록 녹여 드렸다는 효의 대표적인 이야기가 있다.

이밖에 부사료의 밑에는 부수라고 하는 별도의 부서가 있어서, 쌀이나 보리의 출입, 탁발하는 곳의 지역 배분 등 비교적 오래된 자가 담당한다. 이와 같이 상주에는 일하(一夏)마다 교대하는 것으로 되어 있어서, 지객, 부사는 평석끼리 돌아가면서 책임지고, 다른 부서는 당내의 대중 속에서 평석의 협의를 거쳐 선출한다. 목소리가 좋은 스님은 전사에, 건강한 스님은 공양주에, 부드럽고 상냥해 보이는 스님은 은시에 소임이 돌아간다. 어느 한 부서에도 책임이 돌아가지 않는다든가, 평석의 눈에 들지 않는 스님은 만년 당내(堂內)라고 해서, 상주에 들어가지 못하는 경우도 있다. 빠르면 삼하(三夏)부터 상주에 들어가는 스님이 있는가 하면, 5년간 총림에 있으면서도 상주에 들어가지 못하는 스님도 있다. 각 요(寮)의 인원은 하는 일의 많고 적음에 따라서 다르지만, 공양주 세 명, 전사 두 명, 은시 세 명으로 구성되며, 각 요(寮)에 따라 요두라고 하는 책임자를 두고, 일은 당번제로 순서를 정한다.

상주의 부서에 들어가지 못한 스님, 즉 선당 쪽을 당내라 한다. 당내에서는 시자료에서 요사직을 갖는 책임자와 선당에 기거하는 대중으로 분별한다. 시자료에는 성시(聖侍)와 입승의 요(寮), 두방(頭房)

과 시자료의 방, 조경(助警)방이 있다. 성시의 요두는 평석이지만, 오래된 스님 중에서 한 명의 요자(寮子)를 선출하여 당내의 모든 대중을 돌봐준다. 노동의 분담이라든가, 아픈 스님의 보살핌, 당내에 차를 돌리는 일 등을 한다. 또한 선당에는 뒷문과 앞문이 있는데, 보통 출입에 사용하는 문은 뒷문으로서 "뒷문의 감독관"이 성시의 역할이다. 성시를 보통 "시자님"이라 부르는데, 당내의 대중은 이 시자의 허락 없이는 외출할 수 없다. 성시는 또한 상주와 당내의 연락 기관이기도 하다. 매일 아침 지객료로부터 나오는 알림은 전사를 통해서 성시에게 전달된다.

입승은 당내 좌선의 총감독 소임이 되는데 좌선할 때 피우는 향의 대, 즉 향반(香盤)을 책임지므로 "향반을 맡기다"라고도 한다. 입승은 문수대사의 입장이 되어 대중을 책려하므로, 입승의 말 한 마디에 따라서 당내가 긴장하기도 하고 풀어지기도 한다. 평석이 대중 속에 조경(助警)을 두는 것과 같이 공양주도 요두와 조경을 두고 입승에게도 보조하는 조향(助香)과 조경이 있다. 조경은 입승과 교대하여 향반을 책임진다. 또한 조경은 대중이 많을 때에는 여러 명을 둘 수도 있다. 당내에서 기거하는 대중 속에서 최고참을 대중두(大衆頭)라 한다.

총림에 처음 들어와서 일하(一夏)를 신도(新到)라 하고, 1년째의 후반을 이하(二夏)라 한다. 차례로 삼하, 사하식으로 세어 가고, 하(夏)의 법랍(스님이 된 뒤로부터의 나이)으로부터 고참, 중간, 신참, 신도로 구별한다. 이 구분은 대개 대중두(大衆頭)가 적당히 결정한다. "신도 3년에 옆자리의 얼굴이 보인다"하는 말과 같이, 옛날에는 3년간이나 신도부에 속하였다고 한다. 지금은 다음의 새스님이 들어오면 신도라 하므로 이하(二夏)부터 신참의 부에 들어가는 것이 된다.

　신참은 신도를 엄하게 단속하고, 중간은 신참을 단속하고, 고참은 중간을 단속한다. 고참은 조경·평석으로부터 순차적으로 관리 받아 총림의 질서가 유지된다. 수행승의 본래 목적에서 보면 위아래의 차별이 있을 수 없지만 서로간에 원만하게 학문이나 덕행 등을 배우고 닦기 위해서는 이와 같은 규율을 등한시할 수 없다. 원래 총림의 주체는 당내에 있으므로, 주체는 곧 좌선이 된다는 것을 의미한다. 좌선하는 당이라고 하는 선당이 전문 도량이나 총림과 같은 뜻으로 사용됨은 알고 있을 것이다.

　당내에는 연수당이라고 하는 건물이 있는데, 이것을 병승료라고도 한다. 대중 가운데 아픈 스님이 생기면 시자료에 부탁해 연수당에서 요양하도록 한다.

　이상 총림의 기구에 대해서 대략 살펴보았지만 도량에 따라서 약간씩 차이가 있음을 이해해 주기 바란다.

3. 총림 입문

　선종의 스님이 되기 위해서는 종문이나 일반 학교를 졸업한 후 반드시 총림에서 좌선 수행을 하지 않으면 안 되는데, 이것을 행각에 나간다고 말한다. 총림에 들어가는 것을 입방이라 한다. 총림에 입방하기 위해서는 입문이라는 작법을 거쳐야 한다. 전국 어느 총림이나 입방은 자유이지만, 결국 스승을 선택하는 것이 된다. 입문 작법은 현관에 꿇어앉는 것으로부터 시작된다. 먼저 입방원서・서약서 등을 준비하지 않으면 안 된다. 내용에 큰 의의가 있으므로 서식을 소개한다.

입방 원서

주소 :

성명 :

생년월일 :

상기 본인은 종지참구(宗旨參究)를 위해서 귀도량에 입문할 것을 원하오니 허락해 주십시오. 입문한 이상 일심으로 귀도량의 여러 규칙을 존중하여 절대로 위반하지 않겠습니다.

　　　　　　　　　　　　　　　년　　　월　　　일

　　　　　　　　　　　　　　　본　인　　　　　　　명　인
　　　　　　　　　　　　　　　수업사　　　　　　　명　인

○○사 전문도량 지객고위선사 귀중

> ## 서 약 서
>
> 　　입문 허락의 은혜를 입은 이상 귀도량의 여러 규칙을 준수함은 물론 대사를 성취할 때까지 결코 퇴장하지 않겠으며 만약 규칙에 위배됨이 있을 때에는 어떠한 처벌도 마다 않고 달게 받을 것을 서약합니다.
>
> 　　　　　　　　　　　　　　　　　　　　　년　　　월　　　일
> 　　　주소
> 　　　　　　　　　　　　　　　　　　　　　　　　　　　명　　　인
> 　　　　　　　　　　　　　　　　　○○사 전문도량 지객고위선사 귀중

　이와 같이 차비를 하여 가사 문고가 덜렁덜렁 매달린 걸망을 짊어지고, 갈대 삿갓을 쓰고, 각반을 치고, 하얀 버선에 짚신을 신어 꾸민 다음 공부한 스승의 곁을 떠나 목적하는 총림에 도착하여 "부탁합니다!" "누구냐?" "어디서 온 누구의 문하 아무개가 당 도량에 입방할 것을 바라옵니다"라 말한 후 준비한 서류를 내놓는다. 그러면 스님은 서류를 받아들고 들어간다. 한동안 기다리면 지객료로부터 사람이 나와 허락할 수 없다는 거절의 이유를 여러 가지 늘어놓고는 "여러 면으로 사정이 그러하오니 돌아가 주십시오" 하고는 서류를 되돌려준다.

선방의 아침

이때부터 "정힐"이라고 해서 현관에 꿇어앉기가 시작된다. 한번 거절당했다 해서 "아, 그렇습니까?" 하고 물러서면 도를 이루겠다는 간절한 마음의 부족을 나타내는 것이므로, 어떻게 하든지 입방의 허락을 받기 위해서는 꿇어앉아 움직이지 말아야 한다. 이것은 상당한 인내를 요하는 절차가 된다. 경사진 현관 앞에서 걸망을 앞에 메고, 그 위에 두 손을 나란히 포개 올려놓고, 허리를 굽히고 머리를 숙인 채 서 있어야 하므로 시간이 지남에 따라 형용할 수 없는 고통이 몸과 마음에 덮쳐온다. 정식으로 입방이 허락되는 시기는 해제하고 나서 다음의 입제까지이다. 즉 2월 1일부터 4월 30일까지, 8월 1일부터 10월 14일까지이지만, 봄이 오기 전의 추운 계절에는 옷소매 끝으로부터 살을 에이는 추위에 끝내는 이가 덜덜 떨리게 마련이다. 내가 꿇어앉기를 했던 때는 3월 4일이었지만 운 나쁘게 눈마저 슬슬 뿌리는 날씨여서 열어 놓은 현관문으로부터 날아드는 눈발 때문에 퍽 고생스러웠다. 음식은 부엌에서 짚신을 신은 채 공양주가 내어주는 것을 받아서 먹었다. 오후가 되니 지객료로부터 쫓아내기 위해서 사람이 나왔다. "발 밑이 좀 훤할 때 빨랑빨랑 돌아가시오" 하며 욕지거리까지 내뱉으며 몰아낸다. 무정하다고 할 수밖에 없지만, 도리어 이것이 고맙게도 적당한 운동이 된다. 날이 어두워지면 "너무 늦어 돌아갈 수 없어 오늘 하룻밤만 머물게 할 터이니 내일 아침 날이 밝는 대로 돌아가시오" 하면서 그 날은 투숙객이라는 대우로서 머물게 한다.

그 다음날 아침, 출입 다도가 끝나면, 전날과 같이 또다시 뜰에 꿇어앉기가 시작된다. 이후부터는 "부탁합니다" 하고 소리를 내어도 전혀 반응도 없이 종일 참을성을 시험한다. 화장실을 총림에서는 동사(東司)라 한다. 현관에 꿇어앉는 중에도 생리적 현상은 어쩔 수 없어서 화장실에 가는 것만은 금하지 않으나, 개중에 요령 좋은 스님이 있어서 화장실에 가는 횟수가 잦으면 지객료에서도 빠지지 않고 감시하고 있다가, 큰소리로 호통이 떨어지기 때문에 간이 떨어질 정도로 놀라는 상황도 때때로 벌어진다.

그럭저럭해서 2일간의 현관에 꿇어앉기를 고생스럽게 마치면 이번에는 객실에 처박아 넣고는 하루 동안 걸망을 앞에 놓고 벽을 뚫어져라 노려보는 좌선 삼매를 해야 한다. 삼매라고 말은 좋지만 이것은 곧 심심하고 답답하여 견딜 수 없는 지루함과 고독과의 싸움이다. 그보다 더 긴장하게 되는 것은, 누가 어디서 망을 보고 있는지 알 수 없으므로 자세를 흐트러뜨릴 수 없음이다. 목욕탕이나 마당 청소라도 시켜 주면 그나마 고마운 일이다. 이를 테면 총림의 입문 시험은 행동에 의한 인내 시험이다.

4. 총림의 여러 법

총림의 규정은 모든 법규정을 그 기본으로 하고 있다.

정등원조선사가 말씀하시기를 "옛날 한 마을에 있을 때 대우·낭야 등 예닐곱 명이 함께 모여서 참선을 하며 진리를 연구하였다. 하동(河東)은 무척 추워서 모두가 이것을 회피하는데, 명 혼자만 잠도 안자고 추위와 싸워가며 자기 스스로를 책망하여 꾸짖기를 '옛 사람의 광명은 뼈를 깎는 것 같은 고통 뒤에 성대했거늘 내 또한 이 무엇인고? 살아 있을 때 이로움이 없고, 죽어서 사람이 알지 못하면, 이(理)에 있어서 어떠한 이익이 있으리요?' 하면서 자기 스스로 허벅지를 송곳으로 찔러가며 공부했다"고 한다. 뒤에 분양을 이어서 도풍(道風)을 크게 날렸으며, 서하(西河)의 사자라고 칭했다. 근세의 백은스님은 어느 날 아침, 이 말을 문득 끄집어내어 탄식하며 "이것이야말로 진정한 공부이다. 적어도 이 정도는 하여야 진정한 참학이라 할 수 있지 않겠는가. 뜻을 분발하여 밤낮 참선으로 정진하여 잠시도 쉬지 마라. 이것이 도이며 구경이니라. 그 후 그의 도가 온 세상의 용상(龍象)에 위력을 발휘했으며, 그의 덕은 제왕과 제후를 경탄시켰고, 끝내는 종문의 풍습을 크게 일으켜서 500년만에 나왔다 칭함을 얻었다. 오호라. 이런 마음을 갖고, 이와 같이 수습하면, 어떠한 도인들 이루지 못하고, 어떠한 덕인들 채우지 못하랴. 두 배, 세 배 노력하라. 너희들에게 한 마디도 농락함이 없다. 오직 이 두 가지를 모방해 귀감으로 삼으라. 만약 그 회중에 지휘 있으면 우두머리 있음이 분명하리라. 혹시 어기면 배척해서 용서할 것 없다"라고 말씀하셨다. "법령에는 멀고 가까움이 없다"라는 옛말을 생각하고 또 생각하라.

이상이 『귀감』의 전문이지만, 백은선사가 『선관책진』의 「자명인추」에 석상선사가 뾰족한 송곳으로 자기의 허벅지를 찔러 몰려오는 잠을 쫓아내며 수행했다는 글을 읽고 분발했다는 말에 이것이야말로 수행자의 거울이 되는 것이라 하여 "귀감"이라고 이름을 붙였다 한다.

지금부터는 당내의 규정에 대해 이야기하고자 한다.

- 첫번째로 해야 할 일은 참선 입실이다. 낮과 밤의 어느 시간을 정하지 않는다. 오고갈 때는 입승·시자에게 알려야 한다.
- 밤좌선은 하안거, 섭심, 향수 6주, 규주좌는 4주, 동안거 8주, 규구좌는 6주, 납팔섭심 12주.

일주는 향이 타는 시간을 말하는데, 옛날에는 시계 대신 향을 사용했지만, 지금은 시계로 시간을 잰다. "향수(香數)가 많다"는 것은, 앉아 있는 시간이 그만큼 길다는 의미이다. 당내에 앉아 있을 경우 절대 움직이면 안 되는 시간을 지정이라 하는데, 약 40분 정도이다. 화장실 오고감이 허락되는 시간을 경행이라 하며, 한번 입선 시간이 곧 일주가 된다.

- 경책은 졸거나 졸지 않거나를 막론하고 상대방이 정진하는 형태를 파악해서 행하게 된다.

경책은 정신을 차리도록 주의를 환기시키는 봉으로서, 입승이 문수의 입장이 되어, 그 문수를 대신하여 책하게 된다.

- 신참이 참선당에 입방할 때는, 성승에게 삼배하고 입승, 단두의 앞에 고개를 숙이고서 시자가 입당 보고하는 것을 기다린 다음 정해진 자기 자리에 앉는다.

입제 전날, 그 해의 여름에 입방한 모든 신참은 당내에서 신참 입방 의식을 행한다.

• 당내에 들어올 때는 합장을 하며 나갈 때는 두 손을 마주 잡는다. 경을 읽을 때나 출두할 때도 또한 그러하며, 그 밖에 절 안에서 오고갈 때에도 반드시 팔굽과 손을 가슴 앞에 가지런히 모아 붙인다. 그래야 사람들의 웃음거리가 되지 않는다.

합장은 손바닥을 모으는 것인데, 열 개의 손가락을 똑바로 펴서, 손가락 사이가 벌어지지 않도록 해야 한다. 몸과 마음이 한결같음의 경지를 나타내는 것으로서, 당에 들어갈 때에는 자리를 향하여 가는 것이므로 합장을 하면서 들어간다. 손 모으기는 왼 손등 위에 오른 손바닥을 포개 놓고 배꼽 위에 올려놓는 것을 말한다. 조금은 긴장이 풀어진 듯한 모습이나 앉아 있을 때의 경지를 지속시켜야 한다. 팔을 휘두르며 걸으면 절대 안 된다. 마주잡은 두 손을 가슴 앞에 모으는 정념상속(正念相續)하는 형태가 가장 바람직한 모습이다.

• 경행은 가지런히 줄을 지어 돌면서 발 운동하는 것을 말한다.

경행을 할 때는 뒤에 쳐져 단(單)에 남아 있으면 안 된다. 걸을 때에는 신발 끄는 소리를 내면 안 된다.

• 단상에는 방석 이외의 다른 물건을 늘어놓으면 안 된다.

• 2시의 다도 단위를 거르지 말아야 한다. 마시고 남은 찌꺼기를 앞에 버리면 안 된다.

2시는 하루에 두 번 있는, 오후 1시의 차와 방선 전의 차를 말한다.

• 취침 종소리를 들으면, 속히 잠자리에 들어가, 큰소리로 염불하거나 소란을 피워서 다른 사람의

잠을 방해하지 말아야 한다.
- 자유 시간이 주어졌다고 해서 화롯가에 둘러앉아 잡담하는 것은 금물이다.

총림에서의 휴식은 크게 휴식, 제책, 옷을 꿰매고 병을 고치며 신변 정리하는 날로 나눌 수 있다. 휴식은 특별한 일이 있은 뒤에 쉬는 것으로, 밤의 다도 때까지는 외출도 가능하다. 또한 저녁 이후의 휴식이라고 해서, 종일 일한 날의 밤에는 당내에서 휴식을 취한다. 제책은 용맹정진의 다음날 혹은 조사의 제삿날 등 취침 종이 울릴 때까지 외출이 허락되며, 이러한 때를 이용해 당내에서 자유롭게 앉는 것을 수의좌 또는 수좌라고 한다. 14일·29일 등에 총림에서 옷을 수선한다든가 몸을 다스려 영기를 북돋운다.

- 정진중, 참선 입실 이외의 출입을 삼가야 한다.

만약 피치 못할 사정이 있어 허가를 얻지 못하고 출입하였을 때에는 입승과 시자에게 고개를 숙여야 한다.

- 설법할 때는 다른 방을 오고가는 것을 삼가야 한다. 필요한 일이 있어서 어쩔 수 없을 때에는 시자에게 자세히 알려야 한다.
- 대개 아픈 스님이 시자료에 머물 수 있는 시간은, 하루 낮과 밤으로 제한한다. 만약 이틀 밤 이상이 걸릴 때는 연수당으로 옮겨져서 치료하고, 귀당할 때는 신참 입방과 같이 한다.

또한 연수당에서 지켜야 할 규칙은 따로 있다.

- 아픈 스님이 연수당에 있으면서 글을 읽거나 쓰는 것, 또는 옷을 수선하거나 잡담하는 것을 금한다.
- 공양은 필히 발우 공양으로 경건히 해야 한다. 만약 그렇지 못할 경우 시자료의 지휘를 청해서 행해야 한다.
- 약은 하루 3첩을 복용하며 건강 유지와 증진에 전념해야 한다. 동행이나 아는 사람이라고 해서 병문안을 허락하면 안 된다. 피치 못할 사정이 생겼을 때에는 시자료에게 알리고 허락을 얻은 다음 방문해야 한다.

이상이 상주의 규정이나 여기에 또 뒷문의 날마다의 규정이 있다. 전문(全文)을 다 설명하면 중복되는 부분이 있으므로 일부분만 뽑아보겠다.

- 당내에서는 언제나 정숙을 요한다. 큰소리로 떠들거나 실없이 웃고, 가로누워 곤히 자고, 사실과 다르게 글을 쓰거나, 또한 성승 앞을 가로지르거나, 다른 단을 왕래하거나, 혹은 단상 위에 오르거나, 또는 개인적인 용도로 앞문 출입 등을 금한다. 순종(巡鐘) 전, 방선 뒤에는 특히 주의를 더한다.
- 모두 나갈 때에는 반드시 위엄을 갖추고, 좌우를 두리번거리거나 신발을 끌지 말며, 뛰어서 뒤에 따라가거나, 산만하게 걸으며 침을 뱉거나 떠드는 것을 삼가야 한다.

• 대개 불경을 읽은 중음(中音 : 알맞은 음성)을 요한다. 다른 사람의 소리를 들으며 그에 맞추어 읽되, 자기 혼자만 곡을 붙여서 큰소리를 내지 말아야 한다. 특히 「능엄주」는 빠르지 않게 외야 한다. 일어나 돌면서 독경을 할 때에는 사람이 많고 적음을 잘 살펴서 앞 간격이 벌어져서 급히 좇아가는 일이 없도록 하며, 혹은 좌우를 두리번거리거나 방석을 밟으며 건너는 것을 삼가야 한다.

앉아서 하는 독경을 좌송이라 하며, 일어나 돌면서 하는 독경을 행도라 한다. 목소리를 크게 내며 시끄럽게 하지 않는다. 예부터 경은 귀로 읽는 것이라고 말했다.

• 강의중 만약 조는 스님이 있으면 옆스님이 그 실정을 살펴가며 주의시켜야 한다.

연로하신 스님이 종문의 글을 강의하는 것을 강석 또는 제창이라 한다. 제창은 종지를 공부하는 자의 면전에서 들어보이며 창(唱)하는 것을 뜻한다.

• 삿갓은 서명한 곳에 꼭 매놓아야 한다. 신발 또한 가지런히 놓아야 한다.

삿갓, 신발장, 신발은 석순(席順)에서 말한 것과 같다. 또한 총림에서는 이름의 끝자 하나만을 선택해서 종일(宗一)이면, 일수좌(一首坐)라 부르고, 자기를 부를 때는 1승이라 하며, 자기의 소지품에는 1이라고 쓴다.

• 옷을 꿰매고 병을 치료하는 것을 대중에 맞추지 않고 독단적으로 행한다든가 4·9일 이외 자기 뜻에 따라 머리를 깎으면 안 된다. 세탁은 4·9일의 청소가 끝난 뒤라든가, 자유 시간의 날, 탁발 후 절로 돌아온 다음에 해야 한다. 4·9일에 관해서는 다음에 나온다.

• 약수, 연관은 반드시 금한다(술을 약수라 하고, 담배는 연관이라 한다).
• 노동이나 청소 등을 할 때는 절대 큰소리로 떠들거나 실없이 웃지 말아야 한다. 또한 마음대로 쉬거나 오고갈 때 별도의 옷을 껴입거나 감싸면 안 된다. 또다시 재를 지낼 때에는 더욱 조용히 해야 한다. 만약 높으신 분이나 절의 대중과 마주쳤을 때에는 정중하게 머리 숙여야 한다.
• 대중 속에 도둑질한 스님이 있을 경우 대중과 의논한 뒤에 죄과의 경중에 따라서 처벌한다. 설사 종이 한 장 신발 한 켤레라도 절대로 용서해서는 안 된다.

이밖에 욕실에서 지켜야 할 법도가 있다. 총림에서는 삼묵당이라는 곳이 있는데, 선당, 식당, 욕실을 말한다. 이곳에서는 일체의 개인적인 말을 해서는 안 된다. 곧 좌선할 때, 공양할 때, 목욕할 때를 가리킨다. 물론 이 밖의 다른 때도 큰소리를 낸다든가 크게 웃어서는 안 된다. 그리고 자기 마음대로 행동해서도 안 된다. 만약 규칙을 어기면 벌이 내려진다. 벌 중에 제일 가벼운 것이 참회의 절인데, 선당에서는 성승 앞에 삼배하고 대중에게 이 뜻을 보고한다. 다음에는 현관에 꿇어앉기(이것은 죄의 경중에 따라서 일수가 정해진다)가 있고, 그 다음이 내청가(총림에서 쫓겨나는 것)이다. 이보다 더한 극형은 청가라고 해서, 죄가 있어서 쫓겨남을 전국 총림에 알리는 것이다. 상주에게는 「일용귀감」이 정해져 있으므로 원문 그대로 이야기하려 한다.

• 참선 입실은 우리 사문이 급히 해야 할 일이다. 아침에는 새롭게 저녁에는 반성하며 아프게 말채찍을 더해서 게으름이 없도록 해야 한다.

- 지객은 빈객을 대접할 때, 운수납자를 관대히 대하고, 나아감과 물러섬은 규에 맞추고, 말과 행동은 순리에 따르며, 일의 이치는 상부(相副)함을 가지고 중심을 편안히 해서 수행에 장해가 없도록 하는 것을 기강으로 한다.
- 부사는 상주의 돈·쌀·보리 등의 곡식을 책임지고, 극히 작은 것이라도 모두가 대중과 스님이 나누어야 하므로 조금도 헛되이 하면 안 된다. 또한 재가를 관리하고 접함에 있어서 반드시 도리대로 행하되, 사람이 알지 못하는 일이라 해서 별도로 받지 않는다. 또 생활 용품에 있어서 부족함이 없도록 항상 준비하며, 일이 있어 외출한 후 절로 돌아올 때는 반드시 혼종(취침을 알리는 종소리) 전으로 한다.
- 공양주는 대중의 공양을 책임진다. 모든 공양물을 청결히 한다. 항상 절에 딸린 모든 것을 아끼되 인색하지 않게 한다. 또한 두 때의 대중 공양에 변함없이 하며, 불조심을 게을리 하지 않는다.
- 불전은 부처님을 모심에 항상 계신 것과 같이 잘 받든다. 향과 꽃을 깨끗하게 하고, 차 공양 올리는 것을 게을리 하지 않는다. 또 종·북 등을 울릴 때에 소리를 중간 정도로 하여 듣는 이로 하여금 맑은 느낌이 들도록 한다.
- 원두는 채소 가꾸는 철에만 한하는데, 부식에 공급하는 것을 빠뜨리거나 부족하지 않도록 한다. 농사를 지을 때에는 가래·호미·거름통 등이 파손되지 않도록 주의한다. 일이 끝났을 때에는 모든 도구를 깨끗이 씻어서 본래 있던 자리에 정리 정돈을 해놓는다.

- 모든 거실을 비롯하여 성상을 모셔 놓은 곳은 물론 해제 기간이라고 해서 머리를 맞대고 바깥 세상일을 떠들고 옷을 벗은 채 잠자는 것 등을 엄격히 금한다. 일이 있을 때에는 법에 어긋나지 않게 행동하고, 마친 후에는 실(室)에 돌아가서 무릎 꿇고 앉아 근면히 자기를 정성껏 궁극할 것을 요한다. 몰염치한 행위는 자기에게만 이익이 없는 게 아니라 다른 사람의 공부마저도 방해하게 된다. 만약 또 병이 들어서 외출하지 못할 때에는 지객료에게 알리고 난 다음 자리에 앉아야 하며, 자유 시간이라고 해서 공무를 방해하는 일은 삼가야 한다. 또한 술과 담배는 반드시 금한다.
- 상주용(常住用)의 모든 도구는 자기 몸 보호하듯 해야 하며, 어지럽게 방치하거나 난잡하게 하지 말아야 한다. 땔감과 양념을 사용할 때에는 자기의 핏방울을 짜는 것과 같이 해야 한다. 보시의 쌀 한 톨은 수미산의 무게와 같이 해야 한다. 만약 근면하지 않고 하는 일 없이 빈둥빈둥 세월만 보내면, 설사 도가 이루어졌다 하더라도 그의 응보는 마땅히 알 것이다. 하물며 이와 같거늘 무례하게 부처님 밥만 축내는 자는 지옥에 들어가는 것이 날아가는 화살과 같으니 두렵게 삼가야 한다.
- 대중은 화합이 제일이다. 공을 다투고 옳고 그름을 논하며, 서로 분노하지 말아야 한다. 양보하는 마음을 가지고, 겸양하고, 북돋아 모든 일을 성사시키면 강호의 형제라고 일컬어질 것이다.
- 고상하고 풍취가 있어 근검·절약을 즐길 줄 아는 것이 우리 총림에 전해오는 법이다. 맑고 깨끗함이 멀리 있다고 말하지 말라. 욕심 없이 맑게 하면 옛 고승의 높고 큰 덕을 이루고 큰 뜻을

성취할 수 있는데, 모두가 이로부터 나오는 것이다. 시냇물에 떠내려오는 채소 한 잎을 줍는, 그 뜻을 생각하고 또 생각해야 한다.

이와 같은 모든 일들을 마음속에서 우러나오도록 해야 하며 잘 받들어 자세히 알아야 한다. 만약 법을 어기고 규정에 이탈하는 무리가 있으면 배척하여 용서하지 말아야 한다.

5. 총림의 하루

총림의 하루는 순종(巡鐘)으로부터 시작된다. 전사의 당번은 기상 30분 전에 일어나서 문을 열고, 정각이 되면 수호신의 요령을 흔들어 상주(常住)를 일으키고, 시자료의 당번은 세면장의 물을 준비하며, 입승은 선당의 뒷문이 큰소리로 삐걱하며 열리는 것을 신호로 죽비를 한 번 치면, 당내는 일제히 일어난다. 이불의 한 자락은 깔고 한 자락은 덮어서 하나를 둘로 포개서 잠을 자는데, 일어나면 이불을 똘똘 말아서 선반에 올려놓는다. 키가 작은 사람이나 숙달되지 않은 신참은 좀처럼 마음대로 되지 않아 쩔쩔맨다. 잠을 잘 때 옷은 창가의 단상 위에 얹어 놓는다. 잠옷은 별도로 없고 항상 입은 옷 그대로이며, 베개는 앉아 있던 방석을 반으로 접어서 사용한다. 이불을 개어서 올려놓고, 방석을 깔아

놓고, 옷을 입고, 뒷문으로 나가 옷걸이에 옷을 걸어 놓고, 세수를 한다. 선승은 물을 소중히 사용하지 않으면 안 된다고 귀가 따갑게 듣는다. 세면장에 놓여 있는 커다란 물통에서는 물이 넘쳐흐르지만 조그마한 바가지로 한번 떠서 얼굴을 씻고, 또 한번 떠서 이를 닦은 다음, 한번 더 떠서 사용한 바가지를 깨끗이 씻어 놓는 것으로 세면장에서의 용무는 끝나고, 화장실을 갔다온 후 옷을 입고, 가사를 걸치면 아침 예불 준비 완료, 자기의 단 위에서 출두를 기다린다. 이 사이 빠른 자는 2,3분 정도 걸리는데 꾸물거리고 있으면 "빨리 좀 할 수 없나!" 하고 시자료로부터 호령이 떨어진다. 입승은 대중이 준비되는 것을 보고서 성승 앞에 삼배하고 난 다음, 앞문을 연다. 이것을 신호로 전사는 출두의 전종(殿鐘)을 울린다. 입승이 죽비를 한 번 치면, 대중은 자리에서 내려와 들려오는 소리에 리듬을 맞추어가며 질서 있게 묵묵히 본당으로 나간다. 그러면서도 민첩하게 행동하지 않으면 안 된다.

    조과(朝課)는 3시 근행의 하나로서, 불경을 읽는 것이 행(움직임)의 하나로 들어간다. 목어 소리의 단순한 리듬 속에 조화를 이루며 나오는 각자의 소리는 합창이 되어 자기의 마음 뿐만 아니라 듣는 이들의 마음 또한 정화시켜 준다. 목어 소리는 퍽 빠르다. 천천히 읽으면 졸음이 오고, 빠른 속도의 독경은 삼매경에 들기 쉽다. 때로는 조과(朝課)가 참선이 끝날 때까지 천천히 진행될 때도 있다. 근행(勤行)은 조과 이외에도 사시마지에 부처님 앞에 올리는 법이 있고, 오후 3시에 만과(晚課)가 있다. 사시마지와 만과는 대개 전사의 당번만이 독경한다. 조과가 끝나면 선당에서는 성승 독경, 상주에서는 수호신 독경을 한다. 성승은 문수대사를 일컫는다. 문수와 같이 반야의 지혜를 닦는 것이 선문의 이상으로 삼기 때문에 특별히 문수대사를 받든다. 규정에는 성승의 앞을 경망스럽게 앞질러 가거나 하면 안 된다고 가르친다. 상주의 수호신은 음식의 재료를 조달해 주는 신이므로 "식륜을 굴린다"라고도 한다. "법륜이 구르는 곳에는 반드시 식륜도 구른다" 하여 수행만 열심히 하면 먹는 것을 걱정하지 않아도 수호신이 조달해 준다고 믿는 것이다. 수호신이라고 하지만 실은 시주한 모든 사람들을 의미하므로 그들에 대한 고마운 마음을 잊어서는 안 되기 때문에 밭이나 논에서 나오는 첫 곡물을 제일 먼저 수호신에게 공양을 올리는 것이다. 문수대사는 당내를, 수호신은 상주를 지켜주는 본존이라 하여 본당의 독경 뒤에는 반드시 그의 독경을 하도록 되어 있다.

　조과 뒤에는 매실차가 나오기 마련이다. 매실차는 매실을 뜨거운 물에 넣어 끓인 것인데, 입냄새를 없애주고 해독 작용도 한다. 이것은 총림 뿐만 아니고, 엄숙한 사원이라면 손님에게 아침 공양 전 반드시 제공한다. 여관 따위에서도 손님에게 아침밥을 먹기 전에 매실차를 제공하면 어떨까? 총림의 매실차는 흙으로 빚은 용기에 오랜 시간 끓이므로 매실 씨 속에서부터 우러나온 맛은 그 무엇이라 형용할 수 없다.

　이야기가 나온 김에 다도에 대해서 좀더 언급해 보겠다. 총림에서는 "무엇"하면 곧 다도라고 하는 말이 튀어나온다. 하루의 행사라고도 할 수 있는 다도는 아침과 낮의 공양 뒤에 선당에서 나오는 차도 오후 1시와 밤에 나오는 2시의 차도 4회가 있다. 본래 차는 영서선사가 중국에서 병을 앓고 있을 때 마신 것으로, 그 씨앗을 가지고 와 우치(宇治)에 심은 것이 최초라고 한다. 그 후 차의 쓴맛이 심장을 강하게 하고, 졸음을 쫓는 효과가 있다고 알려져 차에 대한 붐이 일어나 다도가 형성되었다. 하루에 4회나 되는 정해진 시간의 다도 이외에도 일을 하다가 쉴 때 등 때없이 마시는 차도 다도라고 한다. 이것은 휴식에 가까운 의미로서 "잠깐 쉽시다" 하는 뜻도 된다. 또한 규정대로의 공양 이외, 특별히 회식하는 것도 다도라 한다. 큰 모임 등에서 마시는 방선다도가 이런 류로서, 이때는 차 대신 약수를 준비하기도 한다. 술안주는 다과(茶菓)라 한다. 다도는 2시의 정식 다도처럼 모두 모이기 때문에 점호와 같은 의미가 있는가 하면, 간단하게 이름만 붙인 것까지 넓게 사용되고 있다.

　다음은 공양으로, 아침은 죽을 먹음으로 죽식, 점심은 정식의 재이므로 재식, 저녁은 본래의 계율에서는, 12시 이후의 공양은 취하지 않기 때문에 약의 의미로서 약석이라 한다. 총림에서의 공양은 밥통을 나란히 줄지어 놓으므로 반대좌라 하고, 밥을 공급하는 사람을 반대간이라 한다. 공양 예절은 실제 행하면서 말하지 않으면 설명하기 곤란하므로 여기에서는 그 규정만 살펴보려 한다.

- 식당 지도, 공급은 자리의 상석부터 하는데 입승단의 아래로부터 두 명씩 나오고, 대중이 많지 않을 때는 줄여도 무방하다. 오고감에는 반드시 기러기가 줄지어 가듯 하며, 빠르고 느림의 중간을 택한다.

　모든 그릇은 양손으로 잡아야 한다. 단 손가락이 그릇 모서리에 닿지 않도록 주의하여야 한다. 반찬그릇은 세 번 돌리나 먹고 남지 않게 한다. 물을 붓고 비우는 것을 죽비 소리가 나기 전에 앞질러 하지 말며, 특히 산중의 어른이나 높으신 분이 앉아 있을 때에는 좀더 세심한 주의를 기울여 공경하는 마음으로 임해야 한다.

　4 · 9일에는 밥통까지 정성을 다해서 깨끗이 씻어야 한다. 자리에 앉은 대중은 발우를 펼 때에는 소리를 내어서는 안 되며, 내고 받을 때에는 반드시 양손으로 한다.

　밥은 칠할이 넘지 않도록 푸며, 오른손의 엄지손가락과 가운뎃손가락으로 잡아서 왼쪽 손바닥에 올려 세 차례 돌려서 건네주되 별도로 더하지 않아야 한다.

　「오관(五觀)」이 끝나 죽비를 치면 합장하고 먼저 양손으로 밥그릇을 들고, 왼쪽 손바닥에 올려놓고 먹기 시작한다. 죽을 먹을 때는 소리를 내지 말아야 한다. 그 밖의 규칙도 이에 준한다. 반찬도 정중히 발우를 들어서 먹어야 한다. 나물은 국발우 다음에 놓는다. 공양을 하기 전에는 밥발우를 가지런히 놓고 있다가 죽비를 치면 합장하고 먹는다. 혼자 다 먹었다고 해서 합장하고 마치지 말고, 또 공양하기 전 반찬을 비벼 놓았다 먹지 말며, 반찬이 짜고 맵다고 하여 별도로 싸가지고 가지 않는다. 또한 특이한 나물은 제공되지 않는다. 끝나서 죽비 소리가 들리면 재빨리 일어나며, 법에 어긋나지 않게 한다. 다만 송경(誦經)과 『반야심경』은 제외한다. 빠르고 정연히 하되 산만해서는 안 된다.

- 자유 공양 시간이라고 해서 큰소리로 떠들거나, 실없이 웃거나, 밥알을 떨어뜨리거나, 국물이나 간장을 흘리거나, 또는 죽을 눌러 짜거나 하는 것은 철저히 금한다.

　이상이 식사 규정이다. 저녁 공양은 정식 식사가 아니기 때문에 공양 전후의 게는 읽지 않지만, 죽식에는 공양 전에 『반야심경』, 열 분의 부처님 이름, 「죽 전의 게」, 「음식 보시의 게」, 「오관문」, 「공양 서원의 게」를 읽고, 공양 후에는 「물의 게」, 「죽 후의 게」를 읽는다. 밥통의 배열은 간두라고 해서 반대좌의 두 번째에 앉아 있는 스님이 한다. 공양을 할 때에는 어떠한 소리도 내어서는 안 되지만, 국수 공양에 한해서는 얼마만큼 허용이 된다. 많은 운수가 "후루룩"대며 먹어대는 모습은 가관으로, 정월 3일의 떡공양 때와 같이 엄청나게 먹어치운다.

선문에서는 속되지 않고 아취를 즐기고, 일상 생활에서는 담백한 음식을 먹는다. 최근 들어 달라졌지만 우리가 수행할 때는 쌀과 보리가 3 대 7로 섞인 밥과 만년 김치라고 해서 무 잎사귀를 언제든지 먹을 수 있도록 짜게 담아 놓은 김치, 짜게 담은 된장, 된장국이 전부였다. 오늘날에는 도저히 상상할 수 없을 정도의 음식이다. 특별 음식은 국수 정도에 불과했기 때문에 "운수들은 국수를 잘 먹는다"라고 세상 사람들이 생각하게 된 것이다. 식욕이 왕성한 젊은이들은 언제나 배고픈 상태이며, 먹는 것이 하나의 즐거움이기도 하여 맘껏 먹고 싶어하는 욕망이 언제나 도사리고 있다. 당내에서는 탁발할 때 받아온 쌀을 조금씩 모아 두었다가 노동할 때 이용하는데 "몰래 해먹는 음식"이라고 해서 은밀히 별식을 만들어 먹는다. 천룡의 뒷산에는 "별식장"이 있는데, 입을 크게 벌려가며 먹는 맛은 각별하다. 몰래 한다고는 하나 공공연한 비밀로서, 시자료에게 들켜도 나중에 맛있는 별식을 시자료의 책임자에게 주면 그것으로 해결된다.

대접심 이외의 낮에는 노동이나 탁발을 하고, 남는 시간에는 당내에서 강의 책을 본다. 오후 3시를 방참(放參)이라고 하여 만과가 끝나고, 이어서 저녁 공양을 마치고 취침을 알리는 종이 울릴 때까지가 하루 중 유일하게 주어지는 자유 시간이다. 이때 절 근처에서의 볼일이 있으면 외출도 가능하다. 이때 일일이 보고하고 나가야 하는데, 이것을 "문앞의 볼일"이라 한다. 취침종부터 방선까지는 휴식이나 정진을 안 할 때를 제외하고는 당내 상주 모두 당내에서 좌선을 해야 한다. 선당 앞문 밖 왼쪽에 목판이 걸려 있는데, 거기에 "생사의 큰일에 촌음을 아껴라. 시간은 사람을 기다리지 않으니 모름지기 방일하지 말라"는 글이 쓰여 있다. 아침저녁으로 불을 끄고 켜는 시간에 3·5·7로 세 번 치는 것을 개판이라고 하는데, 불을 켜고 끄는 신호이다. 참선에 들어가거나 끝날 때에도 쳐서 시간을 알리므로 시간을 매우 귀중히 여김을 알 수 있다. 취침종으로부터 개판까지의 시간은 그 시기에 따라서 다르지만, 이 사이에는 일체의 좌선과 경행의 죽비는 치지 않는다. "혼종의 일주"는 매우 중요한 시간으로 여겨 하루 중에서도 제일 까다롭게 감독한다.

 총림에서는 10일간을 2·5·7·10일에는 강의, 1·3·6·8일에는 탁발, 4·9일에는 머리 깎고 청소하는 날로 크게 나누어서, 이를 원칙으로 한다. 강의는 결제중뿐이고, 해제 기간에는 내강(內講)이 있다. 탁발에는 탁발 규정이 있기 때문에 거기에 맞추어서 행동하지 않으면 안 된다.

 제1조, 본파의 승려로서 탁발 수행을 하고자 하는 자는, 본래의 규정에 맞추어 원서를 작성하고, 봉납금을 덧붙여 탁발면허 수여의 청원을 해야 한다.

제2조, 탁발면허증은 어느 때를 막론하고 경찰의 검문에 제시해야 한다.

제3조, 탁발면허증을 분실하였을 때에는 재발급을 요청해야 된다.

제4조, 탁발면허증은 본인 이외의 다른 사람이 사용할 수 없다.

제5조, 탁발수행시간은 오전 7시부터 11시까지로 한다. 먼 곳에 다녀오다 시간이 지연될 때에는 예외로 한다.

제6조, 탁발 수행자는 한 줄로 3명 이상 10명 이내가 적당하다. 또한 사람들이 오고갈 때 불편하게 해서는 안 된다.

제7조, 탁발 수행자의 모든 행동은 종문의 풍속과 규정에 맞추며, 결코 스님 법도에 벗어나서는 안 된다. 무엇보다 탁발할 때 큰소리로 말하는 것은 반드시 삼가야 한다.

제8조, 탁발자는 시주자의 부름이 없는데 멋대로 사람이 사는 집에 접근하거나 걸음을 멈추어서는 안 된다.

제9조, 탁발자는 시주자가 주는 시물 이외, 다른 물건을 무리하게 청해서는 안 된다.

제10조, 이 규칙을 위반하는 자는 탁발면허증을 박탈당하고, 본파 징계령에 준해서 처벌한다.

탁발할 때는 시주하는 집에서 점심 공양을 받게 된다. 이것은 먹성 좋은 젊은 스님들에게는 즐거운 일 중의 하나다. 탁발은 3명이나 4명으로 조를 편성하여 나가는데, 한 단계 높은 지위를 인수하는 책임자로 한다. 인수 책임자는 어느 정도의 책임량을 충당하여야 한다. 전쟁 전에는 한 조 육십 전 정도였었다. 대개 보시하는 사람이 고정되어 있어서, 특히 5전, 10전 시주하는 집을 잘 알고 있다. 그러나 탁발에 익숙하지 못한 인수자가 있게 마련이다. 나는 남보다 낫다고 알려져 그 비결을 묻는 사람이 많았다. 그들에게 "골목길 한번 들어가서 1전 받을 생각으로 골목길 60번 들어가면 된다"라고 말했다. 탁발은 보시를 베푸는 것이 되므로 보시를 하는 사람이 덕을 쌓게 된다. 소득은 총림 재원의 일부분이므로 그에 의해서 수행을 할 수 있는 도량이 유지 경영되겠지만 그것보다도 인내하고 하심(마음을 낮추어 씀)하는 수행을 기르며, 목소리를 단련하는 기회도 된다.

 4일과 9일은 머리를 깎는 날이다. 5일에 한번씩 머리 깎는 것이 관행이다. 머리를 깎은 후 4·9일은 안팎으로 청소를 한다. 각 요사에서는 매일 청소를 하고 있지만 선당, 본당, 화장실, 경내 청소는 4·9일에 하고, 14일과 월말에는 조과라든가 잠까지 줄여가면서 열심히 청소를 한다. 이와 같이 한 달을 초순·중순·하순의 삼순(三旬)으로 나누며, 첫번째 청소, 두 번째 불경, 세 번째 좌선, 이 세 가지가 선당에서는 무엇보다도 중요한 큰일이다.

6. 접심(용맹정진)

　지금까지 말한 행사는 모두 좌선을 위해서 있는 것이라고 해도 과언이 아니다. 용맹정진을 하려면 26시 중 정월 설날에서부터 12월 31일까지 일념으로 공안 일변도로 이어가는 접심이 되지 않고는 안 된다. 그 중에서도 하루 종일 좌선에만 몰입하는 기간이라고 해서 대접심이 결제중에 설정되어 있다. 언제나 하루 종일 앉아 있는 것은 육체적으로나 정신적으로 힘들기 때문에 대접심이라는 기간을 정해서 이 기간 중에만 모든 일을 제쳐놓고 좌선 삼매에 들어가는 것이다. 하제는 5월 1일 입제하는데, 1일부터 7일까지 일주일이 입제대접심이 된다. 이 입제 전야에는 전체 다도가 있어서, 노사가 이전 기록의 귀감을 읽고, 여러 가지 수계를 말씀하여 대중이 정진에 임하도록 한다. 그 다음 상주에서는 상주 규정을 지객료가 읽어주고, 방선 전에는 당내에서 입승이 당내의 규정을 읽어주고, 성시가 날마다의 규정을 읽어주어 결제가 된 것과 대접심을 대중에게 알린다. 이때는 참으로 엄숙하고 긴장된 분위기라 몸과 마음이 조여드는 것 같은 기분이 든다. 대접심에 들어가면 모두는 각오가 대단하여 운수의 얼굴 모양마저 평소와 다르다.

　아침 기상 시간은 여름과 겨울이 다르지만, 평소보다 한 시간 빠르다. 여름에는 3시반부터 밤 10시까지 앉아 있고, 앉은자리에서 일어나는 것은 출두할 때나 공양할 때뿐이고, 참선할 때는 화장실에 가는 것뿐이다. 오랫동안 익숙해진 고참도 힘드니 신참은 말할 나위 없다. 때문에 대단한 각오로 임

해도 도중에 도망치고 싶은 충동이 일어난다. 그러나 이보다 더욱 힘든 것은 참선이다. 처음 노사로부터 공안을 받으면, 좀처럼 종잡을 수 없어 헤매고 있으면, 입승은 잡아서 끌어 내동댕이치고, 노사에게서는 봉이 날아온다. 게다가 피곤하여 졸게 되면 죽비가 날아와 어깨에 불이 난다. 진퇴양난이라고 하는 것이 이것을 두고 하는 말일 것이다. 방선이 되었다고 해서 그대로 드러누워 잘 수도 없다. 밤좌선이라 해서, 각자가 당외(堂外)에 쭈그리고 앉는다. 이렇게 해서 신참들도 단련되어 가는 것이다.

 여름의 대접심은 입제, 입제 중간, 입제가 끝날 때의 3회와 그 전후에 계속 정진과 준비 정진의 평상 접심이 일주일씩 두 번 있다. 겨울에는 오랫동안 계속되므로, 대접심은 4회, 그 중에서도 12월 8일 성도재일을 인해서 설정해 놓은 납팔대접심은 수행승의 목숨마저 뺏는다고 하여, 1년 중 제일 엄격하고 힘든 접심이 된다. 납팔은 문자 그대로 자지도 않고 쉬지도 않는 것으로, 탁발은 물론, 머리도 깎지 않는다. 모든 것을 무시한 채 오직 앉아서 버티는 것뿐으로, 시간을 알리는 죽비 소리도 전혀 들리지 않고, 일심으로 좌선에만 몰입하는 것이다. 유언을 써서 남겨 놓고 죽을 각오로 납팔대접심에 임하는 운수가 있을 정도로, 그 의기는 삶과 죽음에서 자기의 참 모습을 찾아보려는 구도 일념뿐이다. 납팔 대접심은 8일째 되는 날 오전 3시, 새벽녘에 죽비를 치면 부처님이 샛별을 보시고 깨친 인연을 설해서 성도재일을 기념한다.

 대접심은 총림 생활의 집약으로, 납팔대접심이 가장 힘들고 어렵다.

 최초 입방을 했을 때, 큰일을 이룰 때까지는 절대로 퇴장하지 않는다고 서약했지만, 큰일을 이룬다는 것은 수행 성취를 뜻하는 것이므로, 모든 운수가 수행을 성취할 때까지 총림에서 머무는 것이 이상적이지만, 이상과 현실은 다르다. 대학을 나와서 1년이 되면, 보통 주지의 자격을 얻기 때문에 지금은 1년만에 퇴장하는 사람도 많다. 적어도 3년은 견디어야 하나의 인간으로서 인격이 형성된다고 보는데, 자신에게는 이만저만한 손해가 아닐 수 없다. 옛날에는 3년을 1기로 해서 최저의 선으로 생각했고, 또는 앉아서 3년, 지켜서 3년이라고 해서 6년이 되어야 한 사람 몫을 할 수 있는 운수가 된다고 했다. 시대의 변천과 더불어 선당의 운영 방법도 다소 변화해 갈지는 모르지만, 그 근본에 있어서는 변함이 있을 수 없다.

가등륭방(加藤隆芳)

글을 옮긴 후

　　서옹 노사로부터 "고불총림제도의 형태는 일본에서만 찾아볼 수 있으니……."라는 말씀을 들을 때마다 "선은 형식에 있는 것이 아니고, 깨침에 있는 것이 아닌가?"라는 생각을 품곤 했다. 형식에 구애되지 않는 선만이 선의 대중화·생활화를 이룰 수 있으리라 여겼기 때문이다. 그러던 어느 날 『선방의 아침』을 접하게 되었는데, 이 책이 선의 대중화·생활화에 많은 도움이 될지도 모른다는 생각을 했다. 하지만 한장 한장 책장을 넘기면서 커다란 장애에 부딪쳤다. 문화가 개방되었다고는 하나 일본에 대한 한국인 특유의 선입견이 있지 않은가! 그러던 어느 날 서옹 노사께서 "일본의 총림제도는 원래 일본에서 만들어진 것이 아니라, 중국의 「백장청규」에서 연유된 것으로 그 행법이나 언어도 중국식 그대로 쓰고 있다"라고 말씀하셨다. 이 말에 커다란 용기를 얻어 고려시대의 우리 불교 생활 양식을 마음속으로 그리며 이 글을 옮기게 되었다.

　　불교의 총림제도는 오직 전문 수행자만을 위한 수행 도량이 아니라 총림이 의미하는 그대로 불교계, 중생계가 둘이 아닌 하나의 총림으로서 법계에 실천되어야 한다. 따라서 불교 모습은, 교만하게 응공(應供)만 주장하지 않고 절도를 지키며 사회에 통용될 수 있는 자비를 실천하는, 즉 승가와 재가의 둘이 아닌 하나의 법계를 구현해야 할 것이다. 그러려면 우리 조상들의 훌륭했던 고불총림제도를 되살려 우리 민족의 굳건한 정신적 토대로 삼지 않으면 안 된다. 그 책임은 우리 민족의 정통성을 주장하는 불교계에 종사하고 있는 이들에게 달려 있다.

  끝으로 이 졸역한 글을 통하여 세속의 모든 행동이 선의 수행의 귀결이라 한다면 몸에 밴 것을 자연스럽게 드러나도록 하는 것이 승복을 입은 특별한 존재로서가 아니라 한 사문의 바람이다.

옮긴이 합장

석원연 스님 1942년에 출생하여 17세 때 백양사에 입산, 서옹스님을 은사로 하여 득도하였다. 1982년에 도일하여 오사카에서 觀音寺를 창건하여 일본 동포사회에 불법을 알리는데 진력하고 있다. 저서로『단지 그대 모습대로 살라』·『불교를 묻는 이에게』등과 역서로『함께 건너는 세상』이 있다.

선방의 아침

처음 박은날 : 2000년 5월 1일
처음 펴낸날 : 2000년 5월 10일
지은이·佐藤義英
옮긴이·석원연 스님
펴낸이·김영식
펴낸곳·도서출판 들꽃누리
서울시 종로구 숭인동 72-70 연남빌딩 4층
전화 (02)3672-1387·팩스 (02)762-1387
등록·1999년 6월 5일(제1-2508호)
ⓒ 석원연, 2000

E-mail : draba21@dreamwiz.com
ISBN 89-950593-3-8 값 9,500원

이 책의 한국어판 저작권은 저작권자와의 독점 계약에 따라 들꽃누리에 있습니다.
이 책은 저작권법에 따라 한국 내에서 보호받는 저작물이므로 들꽃누리의 동의 없이는
이 책의 그림과 내용의 무단 전재와 무단 복제를 금합니다.